Mesopotamische Mythen

Mythen alter Kulturen

Ägyptische Mythen
Aztekische und Maya-Mythen
Griechische Mythen
Keltische Mythen
Mesopotamische Mythen
Nordische Mythen
Persische Mythen
Römische Mythen

Mythen alter Kulturen

Henrietta McCall

Mesopotamische Mythen

Aus dem Englischen übersetzt
von Michael Müller

Mit 54 Abbildungen
und 1 Karte

Philipp Reclam jun. Stuttgart

Titel der englischen Originalausgabe:
Mesopotamian Myths. London: British Museum Publications, 1987. (The Legendary Past.)

Die Deutsche Bibliothek – CIP-Einheitsaufnahme

MacCall, Henrietta:
Mesopotamische Mythen / Henrietta McCall. Aus dem Engl. übers. von Michael Müller. –
Stuttgart : Reclam, 1993
(Mythen alter Kulturen)
Einheitssacht.: Mesopotamian myths ⟨dt.⟩
ISBN 3-15-010394-0

Umschlaggestaltung: Werner Rüb, Ludwigsburg
Kartenzeichnung: Theodor Schwarz, Urbach
Satz: Wilhelm Röck, Weinsberg
Druck und buchbinderische Verarbeitung:
Franz Spiegel Buch GmbH, Ulm
Printed in Germany 1993

ISBN 3-15-010394-0

Inhalt

Boğazköy
VAN-
TÜRKEI
Til Barsip
Harran
Emar
MITANNI
Ebla
Euphrat
Ugarit
ZYPERN
MESOPO
Mari
SYRIEN
MITTELMEER
Megiddo
ÄGYPTEN
Nil
0
100
Tell el-Amarna
ROTES MEER

KASPISCHES MEER
URARTU
horsabad
Ninive
nrud
Arba'il
Behistun
hur
ASSYRIEN
EN
Tigris
PERSIEN
Bagdad
Ischchali
KAD
Sippar
Kisch
Susa
Babylon
Borsippa
Nippur
Schuruppak
ELAM
Uruk
Larsa
SUMER
Persepolis
Ur
Eridu
BABYLONIEN
PERS. GOLF
0
400
500 km

Einleitung

Das antike Mesopotamien, das sich von Assyrien im Norden bis Babylonien im Süden erstreckte, ist vielen von uns ein wenig vertrautes Territorium. Einiges kennt man natürlich aus Erwähnungen in der Bibel: die Pracht der Städte Ninive und Babylon, die blutdurstigen assyrischen Krieger, die magischen Kräfte der babylonischen Hellseher, die reichen und mächtigen Kaufleute, die luxuriöse und sinnenfrohe Lebensweise. Die Namen von Hammurabi, Nebukadnezar, Tiglatpileser, Assurbanipal und Sennacherib stehen für Macht. Die gewaltigen Reliefs im Britischen Museum, im Louvre und im Pergamon-Museum künden von Sieg, von Autorität und Ordnung; sie zeigen Vorbereitungen zur Schlacht, Kämpfe, Belagerungen, Streitwagen und großartige Löwenjagden. Wie es ihnen schon allein aufgrund ihrer Größe zukommt, sind auch ihre Wächter von monumentalen Ausmaßen: kolossale Flügelstiere und Löwen, mit fünf Beinen, tadellosen Locken und Harnischen. Vieles von dem, was wir über diese alten Zivilisationen wissen, ist das, was die Menschen, die vor so langer Zeit lebten, uns wissen lassen wollten. Es handelt sich um Propaganda großen Stils.

Es gibt aber auch Aufzeichnungen, die nicht ausdrücklich für die Nachwelt bestimmt waren. In Mesopotamien sind umfangreiche Sammlungen von Tontafeln zu Tage gekommen, auf denen alles mögliche, von der prosaischen Schafzählung bis zu den geheimnisvollsten Weissagungsprozeduren, überliefert ist. Diese Texte betreffen Dinge, die für die Menschen damals von Interesse waren; für uns, die wir in einer Welt leben, die sich von der, wo sie

entstanden sind, so weit weg entwickelt hat, sind sie manchmal nicht leicht zugänglich oder verständlich. Vielleicht gewinnen sie aber gerade dadurch einen besonderen Reiz.
Obwohl das meiste von dem, was auf diesen Tafeln niedergeschrieben ist, das alltägliche Leben betrifft, gibt es auch einige Tafeln mit Texten, die man als literarisch bezeichnen kann. In ihnen werden Geschichten erzählt, die zum größten Teil immer noch unbekannt sind, obwohl einige von ihnen in der Antike weit verbreitet waren. Diese Geschichten haben von der Zeit um die Geburt Christi bis zur Mitte des vorigen Jahrhunderts, als Akkadisch, die Sprache, in der sie geschrieben sind, das erstemal wieder entziffert wurde, ungelesen überlebt. Wie sie in moderne Sprachen übersetzt wurden, und welche Auswirkung dies hatte, wird im ersten Kapitel des vorliegenden Buches dargestellt.
Der Held in dem umfangreichsten Mythos, dem *Gilgamesch-Epos*, ist ein halb-göttlicher König von Uruk, der sich nach dem Tod seines Freundes Enkidu auf die Suche nach dem ewigen Leben begibt. Diese Suche führt ihn zu Utnapischtim, der eine große Flut überlebt hat. Eine Flut, die von den Göttern gesandt wurde, um die Menschen zu strafen, ist auch ein Thema des Mythos von *Atrahasis*. Das *Schöpfungsepos* erzählt von den Anfängen der Welt und wie unter dem Schutz Marduks, des Gottes der Stadt, das große Babylon gebaut wurde. Kürzere Mythen sind *Der Abstieg Ischtars zur Unterwelt*, worin die Göttin Ischtar ihre Schwester Ereschkigal, die Königin der Unterwelt, besucht und beinahe nicht mehr zurückzukehren vermag. Viele verwandte Motive finden sich in dem Mythos von *Nergal und Ereschkigal* wieder, worin Nergal in das Land, aus dem kein Weg zurückführt, hinabsteigt und seine Königin verführt. Das *Epos von Erra* berichtet davon, wie Babylon, als sein Schutzgott es für einige Zeit verläßt, zu verfallen beginnt; das *Epos von Etana* handelt von einem kinderlosen König, der eine magische Pflanze sucht, die ihm zu einem Erben verhelfen soll; das *Epos von Adapa* von einem Priester des Ea, der dem Südwind einen Flügel zerbricht und in den Himmel geholt wird, um sich für seine Tat zu verantworten. Das *Epos von Anzu* erzählt die Geschichte eines bösartigen Vogels, der dem Gott Ellil

die ›Tafel der Schicksale‹ entreißt, die dem, der sie besitzt, allerhöchste Macht verleiht, und der dann von dem Gott Ninurta in einem glorreichen Kampf getötet wird.

Alle diese Mythen handeln von den Göttern Mesopotamiens und seinen Menschen, deren Verhalten – ob es nun gut oder schlecht ist – der damaligen Zuhörerschaft in beruhigender Weise vertraut vorgekommen sein muß. Die aufregenderen Episoden, deren Ausgang nicht vorhersehbar ist, spielen oft an Schauplätzen, die zwar ungewöhnlich, zugleich aber auch realistisch genug waren, um die Aufmerksamkeit der Zuhörer zu fesseln: in Wäldern, an der See, in den Bergen. Die Handlung schreitet immer nur langsam voran, oft wird ihr weiterer Verlauf durch Träume oder Warnungen angekündigt oder sogar von einer der Personen vorwegnehmend beschrieben; es gibt also nur wenige überraschende Wendungen, und es entsteht kaum Spannung. Die Sprache ist stilisiert, es werden immer wieder feststehende Ausdrücke verwendet, so daß die Texte einen würdevoll-feierlichen Charakter annehmen.

In den in diesem Buch wiedergegebenen Übersetzungen ist die Länge der Verszeilen des Originals und ihre Abfolge gewahrt. Es gibt keine Reime in unserem Sinne, aber Stilmittel wie Alliteration, Lautmalerei und Wortspiele tragen dazu bei, daß ein innerer Rhythmus entsteht.

Die Technik der Aneinanderreihung der Einzelepisoden und auch das Verfahren, durch einfache, zweifache oder sogar dreifache Wiederholung einer Handlungseinheit die dramatische Spannung zu erhöhen, sind in den Textauszügen unverändert beibehalten. Um dem Original möglichst getreu zu bleiben, wurde bei der Übersetzung auch der Versuchung widerstanden, dort wo sich das Akkadische auf die mehrfache Verwendung ein und desselben Adjektivs beschränkt, verschiedene zu benutzen, oder gar den Text für ein modernes Publikum durch Ausschmückung lebendiger zu gestalten.

Entdeckung und Entzifferung

In der ersten Hälfte des siebzehnten Jahrhunderts unternahm ein weltläufiger und gebildeter italienischer Adeliger namens Pietro della Valle eine spektakuläre Reise durch den Osten; diese Reise begann in Venedig und führte ihn nach Konstantinopel und Alexandria, durch die Wüste Sinai, zurück zu den Pyramiden, mit einer Karawane quer durch Palästina, nach Damaskus, Aleppo und Bagdad. Dort heiratete er eine schöne nestorianische Christin, mit der er ein Jahr später erneut aufbrach. Sie kamen nach Isfahan und Persepolis, das unter der Dynastie der Achämeniden (559–331 v. Chr.) die Hauptstadt Persiens gewesen war und dessen Pracht della Valle als einer der ersten Reisenden beschrieb. Er fertigte auch Kopien von einer Reihe von Inschriften an, die in drei verschiedenen Versionen einer fremdartigen keilförmigen Schrift in die Türen des Palastes eingeschnitzt waren.

Zwölf Jahre später kehrte er in seine Heimatstadt Rom zurück, nachdem er auf seinem Weg auch noch Indien besucht hatte. Seine Frau war ungefähr zehn Jahre zuvor gestorben, und ihre einbalsamierte Leiche hatte ihn seitdem immer begleitet. Er brachte auch seine Kopien der Inschriften aus Persepolis mit; es war das erstemal, daß man im Westen jene exotische rätselhafte Schrift zu Gesicht bekam.

Im Jahr 1700 schrieb Thomas Hyde, Professor für Hebräisch in Oxford, über della Valles Erwerbungen in einer Abhandlung, die den Titel trug *Dactuli pyramidales seu cuneiformes* (»Zeichen von pyramidischer oder Keilform«); als »Keilschrift« wurde diese

Pietro della Valle

Schrift in der Folge bekannt. Ihre Entzifferung sollte jedoch noch einige Zeit auf sich warten lassen.
Der Göttinger Gymnasiallehrer Georg Friedrich Grotefend erkannte, daß die drei Versionen von della Valles Inschriften aus Persepolis drei verschiedene Sprachen darstellten, Altpersisch, Elamisch und Babylonisch, von denen man aber keine einzige verstand. Grotefend entschied sich, mit der altpersischen Fassung zu beginnen, und legte 1802 eine Übersetzung für immerhin 15 der insgesamt 39 Zeichen des altpersischen Alphabets vor. Nur auszugsweise veröffentlicht, geriet sie freilich bald in Vergessenheit. Mittlerweile beschäftigten sich Gelehrte in Frankreich, Deutschland und Dänemark mit derselben Inschrift. Eine weitere Kopie der Persepolis-Inschrift hatte inzwischen der deutsche Geograph Karsten Niebuhr veröffentlicht, der 1761 im Auftrag des Königs von Dänemark zu einer mehrjährigen, heute noch berühmten Forschungsreise in den Orient aufgebrochen war.
Es war jedoch ein Engländer, Henry Creswicke Rawlinson, dem es in einer Abhandlung, die er 1838 in London der Royal Asiatic

Henry Creswicke Rawlinson

Society vortrug, als erstem gelang, eine überzeugende Übersetzung der altpersischen Inschrift vorzulegen. Einer autobiographischen Aufzeichnung zufolge hatte er nur drei Jahre zuvor, »weil damals in Kermanschah stationiert, das Studium der Keilinschriften Persiens« begonnen. In den Jahren 1835 und 1836 hatte Rawlinson den altpersischen Teil einer dreisprachigen Inschrift kopiert, die in großer Höhe in einen Berghang bei Behistun (Bisitun) im westlichen Irak eingemeißelt war. 1844 bestieg er diesen Berg wieder, um den babylonischen Teil in Angriff zu nehmen. Er benötigte drei Jahre dafür; ein gewandter Junge aus der Gegend ging ihm zur Hand. Mit Hilfe von Seilen und Leitern wurde Rawlinson die nahezu senkrecht ansteigende Bergwand emporgehievt; dort hing er dann, wenig gesichert, fast 100 Meter über dem Boden und säuberte die Inschriften erst einmal, bevor er sie kopierte. Innerhalb von zwei Jahren konnte er 246 einzelne Zeichen von einer Gesamtmenge von annähernd 600 korrekt entziffern. Seine Pionierarbeit wurde 1852 von der Royal Asiatic Society veröffentlicht.

Zeichnerische Darstellung der Felswand bei Behistun in Persien mit der Keilinschrift in drei verschiedenen Sprachen

Mittlerweile war in Europa das Interesse für die assyrische Kultur gewachsen. Im März 1843 hatte Paul Emile Botta mit Ausgrabungen bei Chorsabad begonnen, das Sargon II. gegen Ende des 8. Jahrhunderts als seine neue Hauptstadt erbaut hatte. Botta legte sehr bald Kalksteinplatten frei, in die Reliefs eingehauen waren. 1845 begann Austen Henry Layard bei Nimrud zu graben, dem biblischen Kalach, das Assurnasirpal 879 v. Chr. als neue Hauptstadt errichtet hatte. Auch Layard stieß beinahe sofort auf einen Schatz: riesige Steinplatten, auf denen Pferde und Reiter abgebildet waren, gebeugte Gefangene, Belagerungen, Angriffe auf befestigte Städte, Krieger, die einen Fluß durchquerten, Bogenschützen auf Streitwagen. Auch Szenen aus Löwenjagden waren dargestellt und das fremdartige anthropomorphe Bild einer falkenköpfigen Gottheit, über zwei Meter hoch. Auf einigen der Platten waren zusätzlich Keilschriftzeichen angebracht. 1846 trat ein Assistent Layard zur Seite, Hormuzd Rassam, der Bruder des britischen Vizekonsuls in Mossul. Gemeinsam förderten sie große Bruchstücke von kolossalen geflügelten Stier-Menschen zutage und weitere Steintafeln mit Inschriften. Eine umfangreiche Auswahl dieser Fundstücke – darunter auch der Schwarze Obelisk von Salmanassar III. – wurde ins Britische Museum geschickt, was aufgrund der Größe und des Gewichts der Objekte einige Schwierigkeiten bereitete. Inzwischen hatten die Funde Bottas ihre beschwerliche Reise nach Paris zurückgelegt.
Als die Kolosse und großen Reliefs im Juni 1847 in London eintrafen, konnte man nicht wissen, wie das Publikum auf sie reagieren würde. Das, was man für die Assyrer an Interesse aufbrachte, hatte seine Wurzel in deren schlechtem Ruf, wie er von der Bibel und Schriftstellern und Gelehrten des klassischen Altertums genährt worden war. Man hielt die Assyrer nicht nur für selbstsüchtige und gewalttätige Marodeure, auf Vergewaltigung und Plünderung bedacht, sondern glaubte, daß sie auch im Alltag ein freizügiges, ausschweifendes und unmoralisches Leben geführt hätten. Auf ein viktorianisches Publikum konnte dies kaum anziehend wirken. Tatsächlich aber traf die Ausstellung genau den Geschmack der Besucher; die pure Größe der Objekte, das Selbstver-

Der ›Schwarze Obelisk‹ von Salmanassar III.

trauen, mit denen sie ausgeführt waren, ließen den Eindruck entstehen: auch dies war ein Weltreich gewesen, gegründet auf den gleichen unerschütterlichen Glauben an das eigene immerwährende Fortbestehen. Die Besucher strömten in Scharen ins Britische Museum, von der Zeitschrift *The Illustrated London News* mit einer ganzen Seite und einigen schönen Zeichnungen dazu animiert; es hieß, daß »die jüngsten Ausgrabungen und Entdeckungen« nicht nur die Neugier »der Altertumswissenschaftler, sondern all derer, die die Bibel studierten«, erregen würden, weil sie zu »Passagen der Heiligen Schrift Anschauungsmaterial lieferten«. Die Zeitschrift gab eine detaillierte Beschreibung der elf Tafeln. Ende August trafen dann wieder fünfzehn Objekte ein. Der Kommentar von *The Illustrated London News*, den fünf beigegebene Zeichnungen eigentlich widerlegten, lautete, daß »dieser zweiten Sammlung von Skulpturen das poetische und historische Interesse abgehe, das die erste Sendung so sehr auszeichnete«. 1849 veröffentlichte Layard *Niniveh and Its Remains* (»Ninive und was von ihm blieb«), seinen eigenen Bericht über die Ausgrabungen; von diesem Buch wurden im ersten Jahr 8000 Exemplare verkauft, womit es – so Layard – einen ebenbürtigen Platz neben dem damals sehr bekannten Kochbuch einer Mrs. Rundell einnahm.

1851, zur Zeit der Londoner Weltausstellung, war die assyrische Renaissance in voller Blüte; man fertigte Schmuck an, der Motive von den großen Steintafeln zeigte, und die Londoner Firma Henry Wilkinson & Co. stellte verzinkte Weinkühler her, worin Stiere mit Menschenköpfen und ein assyrischer König eingraviert waren. Der geflügelte Stier oder Löwe auf einem Sockel wurde sowohl in England als auch in Frankreich zu einem häufigen Kennzeichen der Architektur. Ein »geflügelter Stier aus Ninive« tauchte in einem populären Lied auf, und 1880 wurde in Gilberts und Sullivans Oper *The Pirates of Penzance* Generalmajor Rawlinson selbst sanft auf den Arm genommen, wenn sie ihren Generalmajor singen ließen: »Ich kann eine Wäscherechnung in babylonischer Keilschrift hinschreiben«.

Als Rawlinson 1852 seine Inschrift von Behistun veröffentlichte, war man also schon bis zu einem gewissen Grad mit der antiken

Silbervergoldete Schatulle, die Austen Henry Layard 1853 überreicht wurde. Die Vorderseite zeigt eine Szene aus einer Löwenjagd König Assurbanipals. Links ein geflügelter Stier, rechts ein geflügelter Löwe

Armreif (Gold mit Emaille) im neoassyrischen Stil, um 1872 in London angefertigt

Ausschnitt aus einem Porträt der Lady Layard von Vicente Palmaroli. Die Frau des Archäologen trägt eine Halskette und Ohrringe, die für sie in London 1869 aus Siegelzylindern angefertigt wurden

assyrischen Zivilisation vertraut, und das Interesse an ihr wuchs noch. 1853 wurde der Assyrian Excavation Fund gegründet, der W. K. Loftus die Mittel zur Verfügung stellte, bei Warka, dem antiken Uruk, Ausgrabungen durchzuführen. Doch erst zwanzig Jahre später versetzte die Fähigkeit, Keilschrifttafeln zu lesen, die Gelehrten endlich in die Lage, auch den Versuch einer Interpretation der alten Zivilisation zu unternehmen.

George Smith war gerade sieben Jahre alt, als die ersten Objekte aus dem antiken Mesopotamien im Britischen Museum eintrafen. Er wurde 1840 geboren und erhielt keine sehr umfassende Schulbildung, bevor er eine Lehre als Banknotengraveur begann. Schon früh jedoch faszinierte ihn die Assyriologie, und der noch nicht

Buchstützen aus Copeland-Porzellan in Form eines geflügelten Löwen und eines geflügelten Stieres (1882)

Zwanzigjährige wurde im Britischen Museum eine so vertraute Erscheinung, daß Henry Rawlinson auf ihn aufmerksam wurde und ihm gestattete, sein eigenes Zimmer zu benutzen, um über Tontafeln arbeiten zu können. Smiths Ergebnisse waren so glänzend, daß man ihn 1867 zum Assistenten in der Assyriologischen Sektion des Museums ernannte; 1871 veröffentlichte er *Annals of Assurbanipal*.

Smith hatte es auch unternommen, die Sammlung von Tafeln in der Assyriologischen Sektion nach Themen zu katalogisieren. Der mit »Mythologisches und Mythisches« bezeichneten Abteilung ordnete er an die achtzig Tafeln aus der Bibliothek von Assurbanipal in Ninive zu, und als er eine von ihnen kollationiert hatte und sie zu übersetzen begann, stellte er plötzlich fest, daß er die altvertraute Geschichte von der Sintflut las. Er wurde so von Aufregung übermannt, daß er im Zimmer herumrannte und anfing, sich die Kleider vom Leib zu reißen.

Einige Monate später, am 3. Dezember 1872, hielt er vor der Gesellschaft für Biblische Archäologie einen Vortrag. Was er verkündete, löste einen Erregungsschauer aus: ein heidnischer Text, der offenbar die Geschichte von Noahs Arche vorwegnahm. Seine Zuhörer hielten den Atem an.

Der Eigentümer des *Daily Telegraph*, Sir Edwin Arnold, bot dem Britischen Museum die Summe von eintausend Guineen, damit man es Smith gestatte, selbst nach Ninive zu fahren und nach dem fehlenden Rest der Tafel zu suchen. Smith brach im Januar 1873 auf, aber erst Anfang Mai konnte er sich mit dem ottomanischen Gouverneur in Mossul über die notwendigen Formalitäten einigen. Kaum hatte Smith mit der Arbeit begonnen, das heißt den Schutt zu durchforsten, den frühere Ausgrabungsteams hinterlassen hatten, und nach beschrifteten Bruchstücken zu suchen, als er auch schon für seine Mühe belohnt wurde. Es war seine Gewohnheit, abends die Funde des Tages durchzugehen, und am fünften Abend entdeckte er zu seiner »Überraschung und Genugtuung«, daß eines der Fragmente, das er gerade sauber gewischt hatte, den größten Teil von siebzehn Zeilen trug, die offensichtlich in der ersten Kolumne der »Flut-Tafel« fehlten, und daß es »an die einzige Stelle paßte, an der sich eine Lücke in der Geschichte« von Gilgamesch befand.

Später im selben Jahr kehrte Smith noch einmal nach Ninive zurück. Wie er am 4. März 1875 in einem Brief an den *Daily Telegraph* berichtete, hatte er von seiner ersten Expedition ein anderes interessantes Bruchstück mit nach England genommen, das offenbar in keinem Zusammenhang mit dem Gilgamesch-Epos stand. Als er die Zeit fand, es sich näher anzusehen, stellte er mit wachsender Erregung fest, daß es sich um einen »Teil der Chaldäischen Schöpfungsgeschichte« handelte, und faßte den Entschluß, von dem Rest so viel wie möglich aufzuspüren. Auf der zweiten Expedition entdeckte er – wieder durch einen Glücksfall – in den Trümmern, wo er das fehlende Stück der Tafel XI des Gilgamesch-Epos gefunden hatte, »einen weiteren Teil, der zu dieser Geschichte gehört, viel wertvoller. [...] Wie sich herausstellt, beinhaltet er die Geschichte von der ursprünglichen

George Smith

Unschuld des Menschen, von seiner Versuchung und von seinem Fall.«

Smith war auch über Bruchstücke eines anderen Mythos gestolpert, den wir heute das »Schöpfungsepos« nennen. Als er sie im Britischen Museum zusammenfügte, konnte er Parallelen zum biblischen Bericht über die Schöpfung des Menschen in der Genesis ziehen. Er versprach den Lesern des *Daily Telegraph*: »Wenn meine Forschungen beendet sind, werde ich einen vollständigen Bericht veröffentlichen sowie eine Übersetzung dieser Schöpfungslegenden, von denen ich jetzt glücklicherweise alle gefunden habe.«

Leider konnte Smith dieses Versprechen nicht einlösen. Auf seiner dritten Expedition nach Ninive zog er sich ein heftiges Fieber zu; am 19. August 1876 starb er im Alter von sechsunddreißig Jahren in Aleppo.

Das Interesse, das seine Arbeit geweckt hatte, starb jedoch nicht mit ihm. 1885 veröffentlichte O. C. Whitehouse eine englische Übersetzung von Eberhard Schraders populärem Buch *Die Keilinschriften und das Alte Testament*, die 1888 eine zweite Auflage erlebte. Das deutsche Original (Gießen 1872) wurde dreimal aufge-

Professor Friedrich Delitzsch

legt und 1903 von H. Zimmern und H. Winckler völlig neu bearbeitet. Winckler legte dann ein eigenes Buch über jene Keilinschriften vor, die neues Licht auf biblische Stoffe warfen.

In Deutschland brach eine stürmische Kontroverse aus, als der damals führende Assyriologe Friedrich Delitzsch am 13. Januar 1902 vor der Deutschen Orient-Gesellschaft einen Vortrag mit dem Titel »Babel und Bibel« hielt; unter den Zuhörern befand sich auch Kaiser Wilhelm II. Dieser Vortrag wurde zu einem historischen Ereignis. Delitzschs neue und genauen Übersetzungen zeigten, daß die Bibel nicht, wie man bislang gedacht hatte, das älteste Buch der Welt war, sondern daß ihr in der Tat Literatur aus einer viel früheren Epoche voranging. Es gab große Ähnlichkeiten zwischen den beiden antiken Welten, aber das Alte Testament konnte seiner Meinung nach nicht mehr als einzigartig angesehen werden und damit auch nicht als reine Offenbarung gelten. In der Tat stellte Delitzschs Arbeit die bislang unumstrittene Autorität des Alten Testaments in Frage. Der Aufruhr, den der Vortrag auslöste, war derart, daß Delitzsch ein Jahr später einen zweiten folgen ließ, in dem er die Theologen drängte, bedachtsamer auf das zu reagieren, was sie als Angriffe auf geheiligte Passagen der Bibel betrachteten, und den Lehren der Assyriologie einen Lebensraum zu gewähren. Er meinte, daß man weder alles, was in der Bibel stand, einfach ›schlucken‹ müsse, noch es in Bausch und Bogen als alten Plunder abtun dürfe.

Dem Kaiser genügte dies jedoch nicht; vielleicht auch um sich von seinem früher gezeigten Enthusiasmus abzusetzen, schrieb er am 19. Februar 1903 an die Wochenschrift *Grenzboten* und nannte es einen »schweren Fehler«, daß Professor Delitzsch die Frage der Offenbarung in einer solch »polemischen Weise« angegangen sei. »Nie«, so schrieb er, »war Religion ein Ergebnis der Wissenschaft, sondern ein Ausfluß des Herzens und Seins des Menschen aus seinem Verkehr mit Gott.«

Eine Woche später druckte die Londoner *Times* eine lange Verteidigung Delitzschs von seinem »Freund und Mitstreiter auf dem Gebiet der assyrischen Forschung seit mehr als fünfundzwanzig Jahren«, W. St Chad Boscawen. Boscawen sah Delitzsch als das Opfer einer kaiserlichen Attacke, die ihn von seinem Lehrstuhl an der Berliner Universität herunterzustoßen drohe, weil er als »bloßer Historiker und Assyriologe« es gewagt habe, »die Welt theologischer und religiöser Schlußfolgerungen und Hypothesen zu betreten«.

Friedrich Delitzsch, 1899 aus Breslau auf den Lehrstuhl für Assyriologie an der Berliner Universität berufen, war zugleich zum Direktor der neugegründeten Vorderasiatischen Abteilung der Berliner Museen bestellt worden. Von hier aus entfaltete er, darin von der 1898 zur Organisation der deutschen Ausgrabungen in Mesopotamien und Kleinasien ins Leben gerufenen Deutschen Orient-Gesellschaft wirksam unterstützt, bis 1919 eine außerordentlich fruchtbare Aktivität. Sie galt nicht nur der Forschung und wissenschaftlichen Edition der neuerworbenen Tontafel-Archive, sondern zugleich der Gewinnung eines ›Publikums‹ für die noch junge Wissenschaft der Assyriologie und vorderasiatischen Altertumswissenschaft. Ein wichtiger Beitrag dazu kam von seiten der Theologie, die aus nur zu verständlichen Gründen schon früh ein besonders lebhaftes Interesse an den Keilschrifttexten entwickelt und für lange Jahrzehnte den wissenschaftlichen Ansatz zu ihrer Erforschung entsprechend den eigenen religiösen Prämissen vorgeprägt hatte: Eberhard Schrader, seit 1875 Professor in Berlin, hatte schon 1889 die »Keilinschriftliche Bibliothek« begründet, 1909 gab Hugo Gressmann, seit 1907 in Berlin, *Altorientalische Texte und Bilder zum alten Testament* heraus, das 1926 in zweiter Auflage erschien und für die Bibelforschung auf lange Zeit das Standardwerk blieb. Hier in Berlin entstand so ein Forschungszentrum von Weltrang, nicht zuletzt auch durch die Leistungen der Ausgräber von Babylon und Assur, der Bauforscher Robert Koldewey und Walter Andrae, der Koldeweys Schüler war.

Die Zahl der auf den immer zahlreicheren Ausgrabungen in Mesopotamien neugefundenen Keilschrifttexte und ebenso das Verständnis der schon bekannten Dokumente war inzwischen mit atemberaubendem Tempo gestiegen. Der Fortschritt war abzulesen in dem nächsten Meilenstein auf dem Wege, der von James B. Pritchard zusammengestellten Anthologie *Ancient Near Eastern Texts Relating to the Old Testament*, die zuerst 1950, nahezu ein Jahrhundert nach Rawlinson's Veröffentlichung der Bisitun-Inschrift, in Princeton erschien und seitdem mehrere Ergänzungen und Neuauflagen erlebt hat. In diese umfangreiche Sammlung wurden Texte aufgenommen, die Parallelen zu bestimmten alttestamentarischen Passagen enthielten oder diese erläuterten. Kriterien für ihre Aufnahme waren, daß ein biblischer Name vorkam, ein biblisches Thema behandelt wurde, oder daß der Text eine literarische Gattung repräsentierte (etwa Gebet, Klage, Ritual), wie sie auch für das Alte Testament kennzeichnend war.

Das Interesse an mesopotamischen Texten war also lange Zeit vor allem auf ihrer Verbindung zur Bibel begründet. Das ganze 19. Jahrhundert hindurch war die Beglaubigung der Bibel ein Hauptanliegen der gebildeten Klasse gewesen. Ihren Gipfel erreichten diese Bestrebungen um die Mitte des Jahrhunderts, als naturwissenschaftliche Forschungen mit den religiösen Überzeugungen zu kollidieren begannen. Darwins *Origin of Species* zeigte, unterstützt durch Pionierleistungen in der Datierung von Fossilien, daß die Erde nicht Tausende, sondern Millionen von Jahren alt war, und bewies, daß sich das Leben in dieser Zeitspanne langsam entwickelt hatte und nicht etwa in einer einzigen Woche geschaffen worden war. Dies veranlaßte viele Menschen dazu, zum erstenmal die Bibel in ihrem Wortlaut anzuzweifeln – und diese Zweifel beunruhigten sie sehr. Sie verlangten nach Gewißheit, das heißt sie wollten, daß solche Ereignisse wie die Sintflut entweder bewiesen oder widerlegt wurden. Es überrascht daher nicht, daß die Mythen aus Mesopotamien, die einen solchen Beweis zu liefern schienen, eine derartige Wirkung hatten, als die Öffentlichkeit erstmals auf sie aufmerksam wurde. Heutzutage sieht man diese Mythen als ein literarisches Korpus an, das für sich allein bestehen kann und nicht nur wegen seiner Beziehung zur Bibel gewürdigt werden sollte. Ein Vergleich mit alttestamentarischen Texten bleibt jedoch weiterhin sinnvoll; nicht nur, weil durch solche Gegenüberstellungen die Bibel in neuem Licht erscheint, sondern auch, weil sie eine einzigartige Gelegenheit bieten, aus einer anderen Perspektive, gleichsam »von außen« einen Blick auf Mesopotamien zu werfen.

Definitionen und literarische Tradition

Die Mythen zusammenzutragen, die uns heute zugänglich sind, war die Arbeit vieler Jahrzehnte. Glück, Schicksal und Zufall, dazu die wissenschaftlicheren Ausgrabungsmethoden, die man in jüngster Zeit entwickelt hat, mußten dafür zusammenkommen. In der Tabelle S. 30/31 ist zusammengefaßt, was wir über die Mythen wissen, aus denen sich das Korpus der babylonischen Literatur hauptsächlich zusammensetzt. Da das zur Verfügung stehende Material lückenhaft ist und wir vieles – wie etwa die Entstehungszeit der Texte – nur erschließen können, sind die Informationen ungleichmäßig verteilt und einige Rubriken nicht ganz ausgefüllt. Wir müssen dies in Kauf nehmen, weil man sonst riskieren würde, in den Bereich der Spekulation zu geraten und falsche Schlüsse zu ziehen. Vielleicht werden zukünftige Forschungen und Entdekkungen dafür sorgen, daß einige der Leerstellen noch ausgefüllt werden können.

Ein Blick auf die Tabelle zeigt, daß sehr häufig Ninive der Fundort ist. Die königlichen Bibliotheken, die dort freigelegt wurden, haben in der Tat viel von dem Material geliefert, das uns nun zur Verfügung steht, und einiges davon ist in bestmöglichem Erhaltungszustand. Ninive war jedoch nur eine von vielen über ganz Mesopotamien verteilten Stätten, wo Bibliotheken und Archive existierten. Fast überall, wo man den Spaten ansetzt, wird man einige Tafeln zutage fördern, wenn auch vielleicht nur solche, auf denen die Zahl der Arbeiter oder des Viehbestands festgehalten ist, oder andere Aufstellungen, die den Haushalt betreffen. Sammlungen von Tafeln wurden in allen Perioden angelegt, und man

Überlieferung der Mythen

Mythos	*Anzahl der Tafeln* / *Ungefähre Zeilenzahl*	*Hauptfundorte in Mesopotamien*
Gilgamesch-Epos	12 Tafeln	Ur, Sippar, Ischchali ←
	3000 Zeilen	Ninive (Bibliotheken des Sennacherib und Assurbanipal)
Schöpfungsepos	7 Tafeln	Ninive ←
	1000 Zeilen	Aschur, Kisch Sultantepe ←
Epos von Erra	urspr. 5 Tafeln (zwei Drittel erhalten)	Assyrien: Ninive, Aschur, Sultantepe
	etwa 750 Zeilen	Babylonien: Babylon, Ur, Tell Haddad
Etana	nur größere Fragmente	Aschur ←
	urspr. etwa 450 Zeilen	Ninive ←
Adapa		Ninive ←
	etwa 120 Zeilen	
Anzu	3 Tafeln	Tarbischu, Sultantepe
	150 Zeilen	Ninive
Abstieg Ischtars		Aschur ←
	150 Zeilen	Ninive ←
Nergal und Ereschkigal		Sultantepe ←
	750 Zeilen	
Atrahasis	3 Tafeln	Sippar ←
	urspr. 1245 Zeilen	Ninive ←

u beachten: Die Entstehungszeiten lassen sich nicht immer eindeutig den Hauptfundorten ıordnen; Tontafeln, die an den wichtigsten Grabungsstätten gefunden wurden (vor allem den königlichen Bibliotheken), stellen gelegentlich Kopien von wesentlich älteren Texn dar. Von der Entstehungszeit ausgehende Pfeile beziehen sich auf bestimmte Fundorte.

ntstehungszeit	*Andere Fundorte*	*Andere Fassungen*
ltbabylonische Periode 5 Tafeln), frühes 2. Jahr- ausend v. Chr.	Boğazköy, Megiddo, Ugarit, Emar, Elam	Frühsumerisch, um 2150 v. Chr. Auch Übersetzungen ins Hethitische, Hurritische, Elamische
ltbabylonische Periode? . Jh. v. Chr.		
twa 9.–7. Jh. v. Chr.		
ltbabylonische Periode ittelassyrisch, 3. Jh. v. Chr. euassyrisch, Mitte des . Jahrtausends v. Chr.	→ Susa	
5., 14. Jh. v. Chr. pätes 2. Jahrtausend v. Chr.	→ Tell el-Amarna	
ltbabylonische Periode; tandard-Babylonisch. . Jh. v. Chr.	Susa	Sumerisch; die Geschichte war wahrscheinlich den Hurritern bekannt
nde des 2. Jahrtausends . Chr. . Jh. v. Chr.		Frühere und längere sumerische Fassung: Abstieg Inannas (410 Zeilen)
5. Jh. v. Chr. . Jh. v. Chr.	→ Tell el-Amarna (kürzere Fassung: 90 Zeilen)	
ltbabylonische Periode, ahrsch. vor 1645 v. Chr. –7. Jh. v. Chr.		

Tontafel, auf der die Anzahl von Arbeitern verzeichnet ist (um 2600 v. Chr.)

hat ihre Überreste in den Städten des Nordens, wie in Aschur und Harran, aber auch im Süden, in Babylon, Ur, Nippur, Uruk und Borsippa gefunden.
Daß solche Sammlungen angelegt wurden, hing bis zu einem gewissen Grad mit der Art und Weise zusammen, wie die Schreiber ausgebildet wurden. Diese Ausbildungsmethode sollte sich 2000 Jahre lang nicht ändern: sie gründete darauf, daß man Texte immer und immer wieder getreulich kopierte. Wahrscheinlich wurden die aus allen Regionen Mesopotamiens stammenden Schreiber nach Beendigung ihrer Lehrzeit Besitzer der Texte, die sie zur Übung abgeschrieben hatten, und so gelangten praktisch identische Kopien von Texten an die verschiedensten Orte. Wir sollten daher zwischen Sammlungen von Schulübungen unterscheiden, wie sie (komplett mit einigen Schülerschnitzern) bei Sultantepe gefunden worden sind, Verwaltungsarchiven, wie sie in situ bei Ebla und verstreut bei Mari entdeckt wurden, und ›echten‹ Bibliotheken, also mit Bedacht angelegten Sammlungen schöner Literatur, die zumeist in einem Tempel oder einem Palast entstanden.
Die Dauerhaftigkeit und die weite Verbreitung von Tontafeln haben sich für die moderne Forschung als Vorteil erwiesen. Allerdings ist durch unangemessene Ausgrabungsmethoden vieles verlorengegangen, und gelegentlich wurden auch mit Wachs überzogene Holztafeln verwendet, die natürlich viel vergänglicher waren und von denen kaum etwas erhalten ist. Einige in der Antike sehr populäre Texte sind möglicherweise nie entdeckt worden, und vielleicht halten wir irrigerweise andere Texte für viel populärer, als sie in der Antike waren, nur weil von ihnen so viele Bruchstükke ans Licht gekommen sind.
Wie repräsentativ für die literarische Tradition insgesamt ist also die Literatur, die überlebt hat? Königliche Bibliotheken, vor allem die von Assurbanipal in Ninive, geben einigen Aufschluß. Neuere Untersuchungen von Verwaltungsunterlagen aus neuassyrischer Zeit (1000–500 v. Chr.) haben gezeigt, daß die königlichen Bibliotheken sehr gut ausgestattet waren, daß eifrig neue Werke erworben, die Neuzugänge sorgfältig katalogisiert wurden. Bei literari-

schen Texten verzeichnete man den Titel, das Genre, aber auch die Menge des vorhandenen Textes und beschrieb die äußere Beschaffenheit der Tafel. Es konnte sich entweder um eine große Tontafel handeln, die in zwei oder mehr Kolumnen unterteilt war, um eine kleinere Tafel ohne Kolumnen-Unterteilung, um ein wachsüberzogenes, ausklappbares Schreibbrett mit zwei oder mehr Flügeln, oder um ein Schreibbrett, das aus einem Stück bestand.

Aus diesen Aufzeichnungen geht auch hervor, daß man in großem Umfang auf Privatsammlungen aus Babylon zurückgriff, um die Privatbibliotheken Ninives aufzubauen – dies vor allem nach dem Fall Babylons im Jahre 648 v. Chr. Assurbanipal selbst war am Neuerwerb beteiligt; ein königlicher Brief an den Gouverneur von Borsippa, in dem explizit alle Arten von literarischen Werken aus den dortigen Tempeln und Privatbibliotheken angefordert werden, stammt vermutlich von ihm.

Da sie mit Sorgfalt ausgegraben wurden, vermitteln uns die Verwaltungsarchive von Ebla einen sehr guten Einblick in die Art und die Organisation solcher Archive. In Ebla wurden die Tafeln auf hölzernen Regalen aufbewahrt, und sie waren mit einem Index versehen. Der Inhalt oder der Titel jeder einzelnen Tafel war auf deren Schmalseite verzeichnet, so daß man sie leichter finden konnte, wenn sie zwischen anderen gestapelt im Regal lag. Wo es keine Regale gab, legte man die Tafeln in Krüge oder Körbe, an denen dann ein Anhänger mit den entsprechenden Angaben befestigt wurde.

Auf Tafeln mit literarischen Texten war in der letzten Kolumne gewöhnlich Raum für einen Kolophon gelassen. Dieser enthielt Angaben der Art, wie manche sich noch heute auf der Titelseite und im Impressum eines Buches finden: Titel des Werks, Name des Besitzers, Name des Schreibers, Entstehungsdatum; Anmerkung zu dem Original, das der Schreiber kopiert hatte; ein Geheimhaltungsversprechen und eine Verfluchung all derer, die die Tafel ohne Erlaubnis von ihrem Platz zu entfernen versuchten.

Manchmal bestand der Kolophon auch nur aus der ersten Verszeile des Werks in abgekürzter Form und einer Ziffer, die angab, um welche Tafel aus einer Serie es sich handelte. Für das Gilgamesch-

Der Kopf König Assurbanipals. Ausschnitt aus einem Kalkstein-Relief, das eine Kampfszene zeigt. Aus der Bibliothek dieses Königs stammen die meisten der Texte, die wir heute besitzen

Epos zum Beispiel lautet er: »Der alles gesehn hat überall [Beginn des ersten Verses], Tafel I, II, III [usw.]«.
Die Texte wurden in Keilschrift auf Tontafeln niedergeschrieben, die gewöhnlich quadratisch oder rechteckig waren; gelegentlich verwendete man auch hölzerne Bretter. Ton stand in Mesopotamien in ausreichender Menge zur Verfügung und ließ sich leicht

Ein wachsüberzogenes, dreiflügeliges Schreibbrett, das in einem Brunnen in Nimrud gefunden wurde. Die Flügel waren mit Scharnieren versehen, so daß das Brett zusammengeklappt werden konnte

in die gewünschte Form bringen. Der Schreiber benutzte einen Griffel, der von einem Schilfrohr geschnitten war oder auch aus Elfenbein oder Metall sein konnte. Das Ende dieses Griffels war entweder abgeschrägt oder rund geschliffen, wodurch sich jeweils der Charakter der Schrift änderte. Der Schreiber benutzte zunächst die ebene Vorderseite der Tafel, drehte sie dann, wenn not-

Tafel mit einem literarischen Text. Der Kolophon gibt an, daß sie für die Bibliothek König Assurbanipals in Ninive angefertigt wurde

wendig, um und schrieb auf der leicht konvex gewölbten Rückseite weiter. Nachdem die Tafel beschrieben worden war, ließ man sie oft einfach trocknen, vor allem dann, wenn die Aufzeichnungen nicht auf Dauer aufgehoben werden sollten. Manchmal aber wurde sie gebrannt, wodurch sie fast unzerstörbar wurde. Viele Tafeln, die man in der Antike nicht gebrannt hat, haben trotzdem überlebt – einige von ihnen durch einen glücklichen Zufall: die Räume, in denen sie lagerten, wurden von fremden Eroberern in Brand gesetzt, und die Hitze sorgte dafür, daß diese Tafeln gehärtet wurden, während sie sonst möglicherweise in dem feuchten Klima, das im Irak vorherrscht, allmählich verfallen wären.

Uns braucht hier nur ein kleiner Prozentsatz der aufgefundenen Texte zu interessieren, da die meisten von ihnen nicht zur Kategorie des Mythos gehören. In der Tat handelt es sich nur bei einem sehr geringen Teil des gesamten Textkorpus um ›Literatur‹ in unserem Sinne. In die Gruppe literarischer Texte sollte man jedoch die wenigen von Königen stammenden Inschriften einbeziehen, die ›Briefe an den Gott‹ genannt werden, weil sie jeweils mit einer Widmungs- und Grußformel an einen Gott beginnen. Ihr Verdienst liegt nicht so sehr darin, daß sie uns harte Fakten und objektive historische Informationen liefern, denn sie berichten nur ganz selektiv über bestimmte Ereignisse. Was sie auszeichnet, ist ihre äußerst poetische Sprache. Vor allem bei Beschreibungen von Landschaften und Schlachten entsteht durch das Stilmittel der Übersteigerung ein sehr lebendiges Bild. In seinem ›Brief‹ an Aschur und die anderen Götter, die in der Stadt Aschur zu Hause sind, beschreibt Sargon II. seinen im Jahr 714 v. Chr. unternommenen achten Feldzug gegen Urartu; er erzählt, wie seine Soldaten über den Unterlauf des Zab hinübersprangen, »als ob es ein Graben sei«. Simirra, »ein Berg wie ein großer Finger«, »stößt nach oben wie eine Lanzenspitze«. Die Kampftruppen werden »kühne Adler« genannt. Aufgrund mangelnder Vergleichsmöglichkeiten läßt es sich nicht genau nachweisen, aber zweifellos gehört dieser Text – mit anderen ›Briefen an den Gott‹ – zu einem festeingeführten traditionellen literarischen Genre. Wahrscheinlich

Ein Relief, das König Sargon II. bei einer Besprechung mit einem Palastbeamten zeigt

waren Texte dieser Art dazu bestimmt, einer Zuhörerschaft vorgelesen zu werden, und sind daher lebendig und eindringlich formuliert; sie sind durch eine sich rasch entwickelnde Handlung und realistische Beschreibungen von Menschen, Orten und Ereignissen gekennzeichnet.

Wir sollten auch noch einen Blick auf ein weiteres literarisches Genre werfen, das auf die Zeit der Sumerer zurückgeht: den Dialogtext. Es handelt sich um populäre Texte, die zur Unterhaltung gedacht waren. Möglicherweise wurden sie bei Hof rezitiert oder auch gespielt. Zwei Konkurrenten trugen ihre gegensätzlichen Ansichten vor und versuchten, ihre jeweiligen Vorzüge herauszustreichen. Die Konkurrenten waren Personifikationen von Pflanzen – Die Tamariske und die Palme, Das Korn und der Weizen –, von Tieren – Der Ochse und das Pferd –, oder auch von Jahreszeiten: Der Sommer und der Winter. Die Texte folgten formal einem festgelegten Schema: in einer Einleitung wurde gesagt, wer die beiden Kontrahenten waren und welchen Platz sie in der großen kosmologischen Ordnung einnahmen; dann wurde erklärt, welches die besonderen Gründe für ihren Streit waren; es folgte die eigentliche Auseinandersetzung, in deren Verlauf jede Seite die eigenen Verdienste hervorhob und die Schwächen des Gegners nachwies. Der Streitfall wurde schließlich einem Gott unterbreitet, der ein Urteil verkündete, das die beiden Gegner sofort bereitwilligst annahmen, worauf sie dann als die allerbesten Freunde von der Bühne abtreten konnten.

Diese Art von Schlagabtausch findet man manchmal auch in den Mythen, wie zum Beispiel im Gilgamesch-Epos, wo Enkidu auf Tafel VII zunächst die Dirne Schamhat mit gewaltigen Flüchen belegt (»Dein Festgewand soll der Trunkene mit Gespei besudeln!«), dann aber, nach einer Intervention der Götter, eine völlig entgegengesetzte Haltung einnimmt:

> Mein Mund, der dich eben verfluchte, soll nun dich segnen!
> Statthalter und Fürsten sollen dich lieben […].

Ein anderer Text in Dialogform, der aber wohl eher intellektuellen Ansprüchen Genüge tun sollte, ist als Babylonische Theodizee bekannt, obwohl es auch eine assyrische Kopie gibt. Es handelt sich um einen in vierundzwanzig Strophen unterteilten Dialog zwischen einem Skeptiker und einem Frommen, die abwechselnd in sehr höflicher, zeremonieller Weise ihre Ansichten über das Leben zum Ausdruck bringen. Leider ist dieser Dialog von zahllosen Wiederholungen gekennzeichnet, und auch sein Sinn läßt sich nicht ganz erschließen. Er endet, nicht sehr überzeugend, mit der Bitte des Skeptikers:

Möge der Gott, der mich verlassen hat, mir helfen;
Möge die Göttin, die mich im Stich gelassen hat, mir Gnade erweisen.

In dem sogenannten »Dialog des Pessimismus« kommt vielleicht zum erstenmal ein Vertreter jener Figur vor, die später fest zum Personenbestand der Komödie gehören sollte: der Diener, der klüger und schlagfertiger ist als sein Meister. Auf jeden der zwölf Befehle, die sein Herr ihm gibt, reagiert der Diener mit einer witzigen Erwiderung. Wenn der Befehl widerrufen wird, ändert auch der Diener geschickt seine Antwort und zeigt so, daß man alles von zwei Seiten betrachten kann. Einige der Strophen wirken etwas abstrus, aber es wird doch deutlich, daß die Zuhörer erheitert werden sollten.

»Diener, gehorche mir!«
»Ja, mein Gebieter, ja.«
»Eine Frau will ich lieben.«
»Ja, lieben, mein Gebieter, lieben. Der Mann, der eine Frau liebt, vergißt Schmerzen und Sorgen.«
»Nein, Diener, ich werde keine Frau lieben.«
»Liebe nicht, mein Gebieter, liebe nicht. Eine Frau ist eine Fallgrube, eine Frau ist ein eiserner Dolch – ein scharfer! –, der einem Mann die Kehle durchschneidet.«

Solche Wortgefechte kommen auch in den Mythen vor, zum Beispiel auf Tafel VI des Gilgamesch-Epos, wo die Göttin Ischtar sich Gilgamesch, von dessen Schönheit überwältigt, darbietet und ihm reiche Belohnungen verspricht, nur um von ihm mit sehr farbigen und übersteigerten Ausdrücken abgewiesen zu werden.

Die Geschichte vom »Armen Mann von Nippur« ist mit ihren farcenhaften Untertönen vielleicht der reizvollste der Texte, die nicht zur Kategorie der Mythen zu zählen sind. Die Tafeln wurden in Sultantepe gefunden, ein weiteres Bruchstück entdeckte man in Assurbanipals Bibliothek. Die Geschichte handelt von einem armen Mann, der sich am Bürgermeister von Nippur, der ihm die letzte Ziege weggenommen hat, rächt. Dreimal spielt er ihm einen Streich; das Ergebnis ist jedesmal, daß der Bürgermeister, gewiß zur Genugtuung der Zuhörer, eine kräftige Tracht Prügel bezieht. Es gibt nur wenige Wiederholungen, die Handlung entwickelt sich zielstrebig; die Moral der Geschichte ist: wer eine hohe Stellung innehat, ist verpflichtet, sich ehrbar zu verhalten.

Den wichtigsten Teil des literarischen Erbes, das Mesopotamien uns hinterlassen hat, machen die Legenden und Mythen aus, für die das Land schon in der Antike berühmt war. Vielleicht sollte man noch einmal definieren, was mit diesen Termini gemeint ist: Mythen handeln von göttlichen oder halbgöttlichen Wesen, Legenden von Wesen, die gelebt haben – wenn auch nicht unbedingt so, wie es in den Texten dargestellt wird –, die also historische oder, wie man sagen könnte, »halb«-historische Personen sind. Es gibt eine Anzahl Fragmente, aus denen wir erkennen können, daß sich in späterer Zeit eine epische Tradition entwickelte, die sich mit den großen Taten uns bekannter historischer Könige befaßte; solche Texte müßte man der Kategorie »Legenden« zuordnen. Anders verhält es sich mit einigen der in diesem Buch auszugsweise wiedergegebenen Texte: Gilgamesch und Etana waren zwar historische Könige, deren Namen auf der sumerischen Königsliste aufgeführt sind, sie werden aber, ebenso wie Atrahasis und Adapa, als Halbgötter dargestellt. Diese Epen fallen also auch in die Kategorie der »Mythen«, die das Thema dieses Buches sind. Bei den anderen Texten, die aufgenommen wurden, handelt es sich ganz eindeutig um Mythen: sie handeln ausschließlich von Göttern, von denen im Himmel und denen in der Unterwelt, und von großen kosmischen Erschütterungen. Die in ihnen geschilderten Ereignisse führen bis zum Uranfang jeglicher Zivilisation zurück, oder – wie es im Schöpfungsepos heißt – bis in eine Zeit, da es noch keine Götter gab und noch keine Schicksale verhängt wurden.

Götter und Sterbliche, Autoren und Publikum

Archäologische Funde belegen, daß um 3000 vor Christus in Mesopotamien die ersten mit Mauern umgebenen Städte gebaut wurden. Innerhalb dieser Städte lagen große Tempelanlagen, die man zur kultischen Verehrung eines bestimmten Gottes errichtete, wie z. B. des Gottes Enki in der sumerischen Stadt Eridu. Das Leben war gefährlich, es war also ein Akt der Klugheit, wenn man einen bestimmten Gott zum Wächter über die Stadt ernannte, der für sie und ihre Bewohner verantwortlich war. Der Tempel war sein Wohnhaus, und in diesem heiligen Bezirk wurde die rituelle Speisung, Bekleidung und Waschung des Gottes vorgenommen; mit ihm zusammen lebten seine Gemahlin und manchmal auch seine Kinder.

Als immer mehr Städte gebaut wurden, wuchs auch die Zahl der Kultstätten. In späterer Zeit ›adoptierten‹ einige Städte Götter, sie nahmen sie für sich in Anspruch und gaben ihnen Beinamen, ohne sich groß um das zu kümmern, was vorher gewesen war. Einige Namen und Beinamen stammten von früheren Göttern und Göttinnen. Das mesopotamische Pantheon, das in seinen Grundzügen auf das dritte Jahrtausend zurückging, wies daher im Laufe der Zeit immer mehr Widersprüche und Wiederholungen auf.

Idealrekonstruktion Babylons zur Zeit Nebukadnezars II. (605–562 v. Chr.). Im Vordergrund eine auf fünf Steinpfeilern ruhende Brücke über den Euphrat, links die große Zikkurat und rechts Esagila, der Tempel des Marduk

Götter

Die wichtigeren und berühmten Götter treten in den Mythen häufig auf. Darunter sind die folgenden:

Anu, der Himmelsgott, war zu Zeiten der Sumerer ursprünglich einmal der oberste Gott. Er wurde manchmal als Vater Ischtars bezeichnet. Seine Gattin war Antum, und das Zentrum seines Kultes befand sich in Uruk. Ischtar (sumerisch Inanna), die Göttin der Liebe, der sexuellen Anziehung und des Krieges, wird in einem sumerischen Text als diejenige beschrieben, die auch 120 Liebhaber nicht zur Erschöpfung bringen konnten. Unter verschiedenen Namen stieg sie in ganz Westasien zur wichtigsten Göttin auf. Das ihr beigegebene heilige Tier war der Löwe; sie wurde vor allem in Uruk, Kisch, Agade und Arba'il verehrt.
Ellil, der Sohn Anus, trat später an die Stelle seines Vaters und wurde König der Götter. Er besaß die ›Tafel der Schicksale‹, durch die die Geschicke der Menschen und der Götter bestimmt wurden. Seine Gattin war Mulliltu oder Mylitta (Ninlil); das Zentrum seines Kultes befand sich in Nippur.

Abdruck eines Siegels, der den Gott Ea zeigt, aus dessen Schultern Wasser mit Fischen darin hervorströmt. Zu seiner Linken sein doppelgesichtiger Wesir, zur Rechten von ihm ein Vogel (vielleicht Anzu) und die geflügelte Göttin Ischtar über dem Sonnengott Schamasch

Abrollung eines Siegelzylinders. Dargestellt ist der Sonnengott Schamasch, von dessen Schultern Strahlen aufsteigen und der eine Säge, Symbol seines Richteramtes, in der Hand hält

Abdruck eines Siegels aus Chalzedon. Dargestellt ist die Anbetung des Gottes Adad, der auf seinem heiligen Stier steht. Der Schrein wird von geflügelten Stieren mit Menschenköpfen flankiert

EA (sumerisch ENKI) war der Herr von Apsu, dem Reich des Süßwassers unter der Erde. Er war die Quelle alles geheimen magischen Wissens und unterrichtete die Menschheit in den Künsten und Handwerken. Seine Gemahlin war DAMKINA; das Zentrum seines Kultes befand sich in Eridu.
MARDUK war Eas Sohn. In der Kassitischen Periode wurde er an die höchste Stelle des babylonischen Pantheons gesetzt, und natürlich war Babylon das Zentrum seines Kultes. NABU war der Sohn Marduks, Schutzherr der Schreiber und ein Gott der Weisheit. Seine Beliebtheit erreichte während des ersten Jahrtausends ihren Höhepunkt. Seine Stadt war Borsippa.
SIN, der Mondgott, wurde ebenfalls als Vater Ischtars bezeichnet. Er regierte den Verlauf der Monate; sein Symbol war der zunehmende Mond, und er wurde in Ur und Harran verehrt. SCHAMASCH (sumerisch URU), der Sonnengott, war Richter im Himmel und auf der Erde. Sein Symbol war die Sonnenscheibe; das Zentrum seines Kults befand sich in Sippar und in Larsa.
ADAD, der Wettergott, herrschte nicht nur über die Stürme, sondern auch über den lebenbringenden Regen; sein Symbol war ein gespaltener Blitz, und sein Tier war der Stier, der wie Donner brüllte. DUMUZI (später als TAMMUZ bekannt) war der Geliebte Ischtars, ein Hirtengott, der die Fruchtbarkeit schützte.
ERESCHKIGAL war die Königin der Unterwelt. NAMAR war ihr Wesir, ein vielgefürchteter Gott der Seuche, der sechzig verschiedene Krankheiten aussenden konnte. ERRA oder NERGAL war ein Gott der Seuche und des Krieges. NINURTA war ein Kriegsgott und Schutzherr der Jagd. Er ist der Held des »Epos von Anzu«. NINHURSAG (auch unter den Namen ARURU und MAMMI bekannt) war die große Muttergöttin, manchmal wird sie als Gattin Nergals bezeichnet.
Die ANNUNAKI (ANUKKI) waren die alten sumerischen Götter der Fruchtbarkeit und der Unterwelt, in der sie später zu Richtern aufstiegen. Die IGIGI, die den Annunanki oft zugestellt werden, waren die sumerischen Himmelsgötter, denen Ellil vorstand.

Die Tempel, in denen man die Götter verehrte, wurden von einer hierarchisch strukturierten Priesterschaft geleitet. Über die genaue Organisation ist kaum etwas bekannt: ein Priester, der *Satammu* genannt wurde, war vermutlich für die Verwaltung verantwortlich, während ein *En*-Priester für den geistlichen Bereich zuständig war. Wir wissen, daß manchmal über viele Generationen hinweg immer wieder die Söhne das Priesteramt von ihren Vätern übernahmen.

Die gesamte mesopotamische Geschichte hindurch haben Exorzisten und Seher eine bedeutende Rolle gespielt; die babylonischen Seher waren in der ganzen antiken Welt wegen ihrer herausragenden Fähigkeiten hoch angesehen. Sie benutzten verschiedene Techniken; am häufigsten untersuchten sie die Eingeweide von Tieren, beobachteten die Wirkung von Öl auf Wasser, das Muster, das brennender Weihrauch ergab, das Verhalten von Vögeln und Tieren, vor allem in der Nähe der Stadttore oder im Tempelbereich, sowie Erscheinungen am Himmel und andere meteorologische Phänomene.

Die Religion spielte im alltäglichen Leben der gewöhnlichen Leute eine große Rolle. Im persönlichen Bereich schlossen sie sich einem besonderen Gott oder einer Göttin an, denen sie Gebete und Opfer darboten, damit sie die Vermittlung zu den anderen Göttern herstellten und böse Geister abwehrten. Es gibt einen großen Fundus von Zaubersprüchen und Beschwörungsformeln, in denen manchmal Passagen aus Mythen verwendet werden. Den einfachen Menschen war zwar der Zugang in die innersten Bereiche des Tempels verwehrt, sie durften aber die großen religiösen Prozessionen beobachten. Der riesige umgrenzte Bereich um die Zikkurat von Babylon war vermutlich dafür gedacht, daß eine große Menschenmenge den Zeremonien aus gebührendem Abstand folgen konnte.

Die Einstellung der Mesopotamier zum Tod ist aus Epen und Mythen recht gut bekannt. Ihnen wurde nicht, wie etwa den Ägyptern, ein Leben nach dem Tode verheißen; es scheint, daß sie sich in die Tatsache, sterben zu müssen, fügten und es als etwas Selbstverständliches hinnahmen. Eine Ausnahme bildet – wie wir sehen

Abrollung eines Siegelzylinders aus schwarzem Stein, der den Gott Nergal zeigt und ihm gewidmet ist. Der Gott schwingt eine Doppelkeule, die mit Löwenköpfen besetzt ist

Abdruck eines Siegels aus blauem Chalzedon. Zu sehen ist ein kahlgeschorener Priester vor den Symbolen verschiedener Gottheiten

werden – Gilgamesch, der voller Wut gegen den Tod seines Freundes tobt, welchen böse Träume bereits angekündigt hatten. Die Lebenden fertigten kleine Figuren zum Gedenken an die Toten an, wie auch Gilgamesch es für Enkidu tut. Beerdigungen fanden – mit Ausnahme der von Königen – im Wohnhaus des Verstorbenen statt, der zusammen mit den Besitztümern, die ihm am liebsten gewesen waren, unter dem Fußboden beigesetzt wurde. Man glaubte, daß Leichen, die nicht beerdigt wurden und nicht, wie es Sitte war, von den überlebenden Verwandten Trinkwasserspenden erhielten, als ruhelose Gespenster den Lebenden Schaden zufügen könnten. Öffentliche Friedhöfe gab es nicht.

Sterbliche

Schon von frühester Zeit an lebten die Einwohner Mesopotamiens bevorzugt in Städten. Dies brachte einige grundsätzliche Vorteile: zum einen bot das Zusammenleben mit vielen anderen größere Sicherheit, zum anderen konnte die Organisation des Landes zentralisiert werden. Außerdem ließ sich ein Netzwerk von Kanälen unterhalten, durch das der Boden, auf den nur selten ein Regentropfen fiel, künstlich be- und entwässert wurde. Trotz des trockenen Klimas war der Boden an sich sehr fruchtbar; regelmäßig bewässert brachte er im Jahr mehrere Ernten hervor. Hauptsächlich wurden Getreide und Datteln angebaut. Unter den Nutztieren waren Schafe, Ziegen und Rinder. Der Boden war reich an Ton, den man trocknete und nicht nur für die Schreibtafeln, sondern auch für alle Bauten verwendete.
Die frühen Städte wiesen bereits die Grundanlage auf, wie sie die ganze mesopotamische Geschichte hindurch unverändert erhalten bleiben sollte. Es gab drei Hauptbezirke: einen von Mauern umgebenen Innenbereich, in dem der Tempel, der Palast, die Häuser der königlichen Beamten und der Bürger standen; die Vororte, in denen Bauernhöfe, Felder, Obsthaine und Dattelpflanzungen lagen; und das Hafengebiet, das der Mittelpunkt des Handels war. In den äußeren Wällen jeder Stadt befanden sich Tore, das Gelände vor

Elfenbein-Intarsie aus Megiddo, die eine siegreiche Heimkehr und Siegesfeiern zeigt

ihnen diente als Platz für Versammlungen, aber auch für geschäftliche Transaktionen; dort wurde Recht gesprochen und Geld gewechselt, und dort boten auch die Schreiber ihre Künste feil.
Das Schicksal der Städte war wechselvoll, sie stiegen periodisch auf und sanken dann wieder ab – manchmal aus ganz einfachen Gründen, etwa weil ein Fluß seine Laufrichtung änderte. Selbst eine prachtvolle Stadt wie Ur unterlag solchem Wechsel: in der mittelbabylonischen Periode war sie mehr oder weniger eine Ruine. Larsa und Aschur verfielen, letztgenannte Stadt erstand allerdings unter den Parthern noch einmal wieder; das große Akkad verschwand buchstäblich vom Erdboden, ohne eine Spur zu hinterlassen. Die meisten Städte wurden nur in Zeiten militärischer Siege wirklich reich und berühmt, dann also, wenn die Kriegsbeute großzügige Ausgaben ermöglichte und Luxusgüter wie Gewürze, Duftstoffe, Wein, erlesenes Tuch und exotische Tiere in die Stadt kamen.
Die Einwohnerschaft war in zwei Hauptgruppen unterteilt: eine kleine Gruppe derer, die aufgrund ihrer Beziehungen zum Hof und zum Tempel selbst etwas herstellen konnten, und eine zweite, große Gruppe derer, die völlig von diesen beiden Organisationen abhängig waren. Die Produktionsmittel wurden zum größten Teil von den königlichen Palästen und den großen Tempeln beherrscht, aber es gab auch Privatleute, die Land besaßen. Sowohl der Hof als auch die Priesterschaft bezogen ihr Einkommen vor allem aus der Landwirtschaft, entweder auf direktem Weg, oder indem sie Pachtgelder und Steuern einstrichen. Der größte Teil dieses Einkommens landete bei der zentralen Verwaltungsstelle, die

es dann entsprechend verteilte. Tempel und Palast unterhielten eine große Zahl von ›Angestellten‹, die mit Nahrungsmitteln, Kleidern usw. entlohnt wurden.
Diejenigen, die in größerem oder geringerem Ausmaß von den beiden Organisationen abhängig waren, kann man den Kategorien der Bauern, der Handwerker, der Sklaven und der Kaufleute zuweisen; ihr Status war jedoch nicht zu allen Zeiten derselbe. Eine weitere wichtige gesellschaftliche Klasse stellten die Schreiber dar, denen ihr Beruf großes Prestige einbrachte. Wir wissen nicht genau, wie neue Kandidaten für diesen Berufsstand ausgewählt wurden, aber häufig handelte es sich um Söhne oder andere Verwandte von Prinzen und Gouverneuren. Es gibt nur einen Hinweis darauf, daß auch Frauen diesen Beruf ausübten: in Mari tauchen in Verzeichnissen der Rationen, die den Palastangestellten zugeteilt wurden, auch neun Frauennamen auf; leider sind keine Einzelheiten über ihre soziale Stellung, ihre Ausbildung oder die Art ihrer Tätigkeit bekannt.
Den Bauern oblagen zahlreiche verschiedene Tätigkeiten. Sie säten, ernteten und droschen Gerste, und dies mehrmals im Jahr, wenn der Boden es hergab. Sie kümmerten sich auch um die Herden, die sich vor allem aus Schafen und Ziegen verschiedener Rassen zusammensetzten. Sie molken die Kühe, Mutterschafe und Ziegen und machten Butter und Käse. Auf den Bauernhöfen gab es gewöhnlich auch Enten und Gänse; Hühner wurden erst in späterer Zeit gehalten. Viele Bauern waren Nomaden, die mit dem Wechsel der Jahreszeiten von einer Region des Landes in eine andere zogen.
Die Handwerker gingen vielfältigeren Beschäftigungen nach, wobei oftmals der Sohn den vom Vater ererbten und erlernten Beruf fortführte. Einige stellten Tuch her, sie spannen, bleichten und färbten es. In allen frühen Siedlungen hat man Spinnrocken gefunden. Andere Handwerker arbeiteten als Gerber. Leder und Häute wurden für die Herstellung von Schilden und Harnischen verwendet, aber auch für kleine Boote, Trinkgefäße, Schläuche für Milch und Butter, Sandalen. Man benutzte aufgeblasene Häute, um Flüsse zu überqueren.

Abrollung eines Siegelzylinders, einen Mann beim Pflügen darstellend

Unter den Handwerkern waren auch Töpfer, deren Beruf jedoch nicht soviel galt. Schon im sechsten Jahrtausend wurden in ganz Mesopotamien verschiedene, recht einfache, Töpferwaren hergestellt. Bald nach 4000 v. Chr. waren Töpferscheiben weit verbreitet. Angesehener als die Töpfer waren die Metallarbeiter. Aus der

Ausschnitt aus den Reliefs am Palast Assurnasirpals in Nimrud. Dargestellt sind Krieger, die mit Hilfe aufgeblasener Tierhäute einen Fluß überqueren

Zeit vor 7000 v. Chr. sind einfache Werkzeuge aus getriebenem Kupfer gefunden worden, um 6000 wurden Blei und Kupfer auch geschmolzen, und im späten fünften Jahrtausend gab es bereits die Technik des Metallgusses.

Zimmerleute stellten Streitwagen, Kufengefährte und Pflüge her; außerdem gab es Steinmetze, Brauer, Juweliere, Parfümhersteller, Konditoren, Bäcker und Korbmacher.

Zwei Kategorien von Sklaven lassen sich ausmachen: solche, die Privatpersonen gehörten, und solche, die im Besitz des Tempels

Abrollung eines Siegelzylinders. Dargestellt ist die Fassade eines Tempels oder Palastes, rechts Tierfiguren

oder des Hofes waren. Die der ersten Gruppe wurden oft in den Haushalt hineingeboren, zu dem sie gehörten, oder vielleicht auch ›adoptiert‹. Aus dem berühmten Gesetzeskodex des Hammurabi (des babylonischen Königs von 1792 bis 1750 v. Chr.) geht hervor, daß die Sklaven, zumindest in der altbabylonischen Zeit, einen besonderen Status genossen. Dem Kodex kann man auch entnehmen, daß sich manchmal Männer mitsamt ihren Frauen und Kindern selber als Sklaven verkauften, wenn sie ihre Schulden nicht zurückzahlen konnten. Hatten sie dann ihre Schulden beglichen, erhielten sie ihren früheren Status zurück. Solange sie versklavt waren, wurden sie von den Gesetzen bis zu einem gewissen

Oberer Teil der Basaltstele mit dem Gesetzeskodex des Hammurabi. Der König wendet sich mit einer Gebetsgeste zu dem Sonnengott Schamasch, dem Gott der Gerechtigkeit

Grad geschützt, und Sklaven und Herren verband ein Verhältnis gegenseitiger Verpflichtung.
Viele Sklaven kamen als Kriegsgefangene ins Land. Auf assyrischen Reliefs sind solche Gefangenen abgebildet, wie sie – oft zusammen mit ihren Frauen und Kindern – in die Hauptstadt geführt werden. Ausländische Sklaven wurden wegen ihrer künstlerischen Fähigkeiten geschätzt, die Frauen oft auch wegen ihrer Schönheit; sie arbeiteten jedoch vor allem im Haushalt und halfen in der Erntezeit auf den Feldern.
Das Alte Testament erwähnt die Kaufleute Babylons und Ninives mit Abscheu. Diese Kaufleute nahmen in ihrer Gesellschaft eine gewichtige Stellung ein, da Mesopotamien nur über sehr wenige mineralische Rohstoffe verfügte. Weil im Land selbst keine Gesteinsart vorkam, mit der man bauen oder Skulpturen hätte anfertigen können, und es auch kein Gold, Silber, Kupfer, Bauholz oder andere wertvolle Materialien wie Lapislazuli, Karneol, Bergkristall und Türkis gab, mußte all dies auf dem Handelsweg be-

Bronzebeschläge (Ausschnitt) von den Toren Balawats aus der Regierungszeit Salmanassars III. Die eingestanzten Szenen zeigen gefesselte Gefangene, die in die Hauptstadt gebracht werden

schafft werden. Dem Handel kam also eine entscheidende Bedeutung zu. Die Haupthandelsstraßen waren die beiden großen Flüsse, zwischen denen Mesopotamien lag, der Euphrat und der Tigris. Die Kaufleute wickelten ihre Geschäfte innerhalb einer bestimmten Stadt ab, oder auch mit anderen Städten oder mit dem Ausland. Textilien und landestypische Nahrungsmittel, wie zum Beispiel Datteln, wurden im Ausland gegen Waren eingetauscht, die es in Mesopotamien nicht gab, vor allem gegen Metall jeder Art.
Texte aus Mari zeigen, daß es Routen gab, die das Mittelmeer und Anatolien mit dem Persischen Golf verbanden. Spätestens seit der Zeit Sargons II. (721–705 v. Chr.) genossen Handelskarawanen, die durch das Land zogen, königlichen Schutz, und ausländischen Händlern wurde an den verschiedenen Höfen immer eine ehrenvolle Behandlung zuteil. Der Handel verbesserte nicht nur den Lebensstandard innerhalb des Landes, sondern er trug auch dazu bei, daß die mesopotamische Kultur im Ausland an Einfluß gewann.

Wandgemälde aus Til-Barsip am Mittellauf des Euphrat aus der Regierungszeit Tiglatpilesers III. (744–727 v. Chr.), das Schreiber zeigt

Altbabylonische ›Schultafel‹: die Vorderseite (oben) ist vom Lehrer, die Rückseite (unten) vom Schüler beschrieben; der Text ist ein sumerisches Sprichwort

Mit dem Austausch von Handelsgütern fand auch ein Austausch von Ideen und Geschichten statt.
Die Schreiber wurden an Schulen ausgebildet, die fast immer einem Tempel angeschlossen waren. Uns ist nur eine einzige unabhängige Ausbildungsstätte bekannt, die sich in Ur befand. Die Ausbildung war langwierig, und da die Keilschrift sehr kompliziert war – es gab über fünfhundert variable Zeichen –, mußte man als Grundvoraussetzung nicht nur Fleiß und Geduld, sondern auch Intelligenz mitbringen. Der Unterricht, mit dem in früher Jugend begonnen wurde, bestand vor allem darin, daß man Listen von Wörtern auswendig lernte und Schriftzeichen immer und immer wieder abschrieb. Auch außerhalb der Grenzen Mesopotamiens erhielten die Schreiber eine solche sorgfältige Schulung; in der hethitischen Hauptstadt Boğazköy hat man zweisprachige Silbenverzeichnisse und lexikalische Listen gefunden.
Der Lehrplan war offensichtlich standardisiert und änderte sich im Laufe von Jahrtausenden kaum. In einem sumerischen literarischen Text wird der Tagesablauf eines Schuljungen geschildert und auch etwas über das Verhalten und die Einstellung seiner Lehrer und Eltern gesagt. Der Text entstand vermutlich schon um 2000 v. Chr. und muß sehr beliebt gewesen sein, da er mehrfach kopiert wurde. Es wird erzählt, wie der Schüler eine Tafel liest, sein Mittagessen ißt, dann eine weitere Tafel vorbereitet und beschreibt, eine schriftliche und mündliche Aufgabe erhält, sie aber leider nicht zufriedenstellend erledigt und daher von verschiedenen Lehrern geprügelt wird. Die Eltern des Jungen laden daraufhin seinen Lehrer zu sich nach Hause ein, wo sie ihm ein Festessen vorsetzen und Geschenke überreichen. Die Einstellung des Lehrers ändert sich danach: er bricht in Schwärmerei über die Tüchtigkeit des Schülers aus, und Nissaba, die Göttin der Schulen und der Schreiber, wird angerufen, daß sie dem Schreibrohr des Jungen ihre Gunst erweise.

Autoren

Die Schreiber kopierten die Texte, wer aber waren ihre ursprünglichen Verfasser? Leider muß man sich hier auf Vermutungen beschränken, da nur sehr wenige Zeugnisse vorliegen, die mit großer Sorgfalt interpretiert werden müssen.

Die Tatsache, daß es so etwas wie schöpferische Literatur gab, läßt darauf schließen, daß es Autoren in unserem Sinn gab, bestimmte Werke also von einzelnen Personen verfaßt wurden; diese werden jedoch in den Keilschrifttexten kaum jemals namentlich genannt. Es war Tradition, die ältesten Werke Weisen zuzuschreiben, die vor der Flut von dem Gott Ea ausgesandt worden waren, um den Menschen die Zivilisation zu bringen. Die Autoren, die nach der Flut lebten, wurden ebenfalls in den Rang von Weisen erhoben, wodurch ihre Werke den Anschein erhielten, uralt zu sein und auf göttliche Eingebungen zurückzugehen. Diese Autoren erwähnten jedoch nie ihren eigenen Namen. Möglicherweise gibt es von dieser Regel zwei Ausnahmen. Ein gewisser Kabti-ilani-Marduk gibt an, das gesamte Epos von Erra verfaßt zu haben, sagt aber gleichzeitig, daß ihm das Werk in einer Vision vermittelt wurde, wodurch er selbst seinen Anspruch auf die Autorschaft wieder schwächt. Als Autor des Gilgamesch-Epos wird in einem aus dem ersten Jahrtausend stammenden Katalog der Keilschriftliteratur Sin-leqi-unnini (»Oh Sünde, nimm mein Gebet an«) bezeichnet, ein Priester und Exorzist, der vermutlich in Uruk lebte. Man hat ihn der mittelbabylonischen Periode zuordnen können; da in dieser Zeit das Epos seine gültige Form erhielt, war Sin-leqi-unnini wahrscheinlich nicht der Autor, sondern zeichnete lediglich die definitive Fassung des Textes auf. Diese Fassung setzte sich dann in der Folge durch, so daß sein Name für alle Zukunft mit dem Epos verbunden blieb.

Es überrascht vielleicht nicht, daß eine Zivilisation, die schon in allerfrühester Zeit Silbenverzeichnisse, Tabellen mit den Keilschriftzeichen und zweisprachige Tafeln, auf denen neben sumerischen Wörtern ihre akkadischen Äquivalente stehen, hervorgebracht hat, auch Autorenkataloge besaß. Ein solcher Katalog, der allerdings fragmentarisch ist und uns ein wenig dunkel bleibt, wurde in der Bibliothek Assurbanipals gefunden. Er unterscheidet vier Kategorien von Autoren: Götter; legendäre Menschen oder Menschen, die in der Vorzeit gelebt haben; Menschen, deren Abstammung nicht angegeben ist; Menschen, die als »Sohn« eines Ahnen bezeichnet werden.

Aus den ersten beiden Kategorien geht hervor, daß für ein mesopotamisches Publikum ein literarisches Werk nur dann wirklich Anspruch auf Authentizität erheben konnte, wenn es auf göttliche Inspiration zurückging und/oder sehr alt war. Von diesen Werken abgesehen, ist jedoch eine ganze Reihe von Namen überliefert; sie alle werden als Gelehrte aus bestimmten Städten und als Priester bezeichnet. Es wäre faszinierend, sowohl die Vorfahren als auch die Nachkommen der Autoren aufzuspüren, bei denen die Abstammung angegeben ist, aber dafür müßten wir sehr viel mehr wissen, als uns jetzt zugänglich ist. Der Katalog zeigt in jedem Fall, daß die Mesopotamier selbst sich dafür interessierten, wer die Hauptschreiber der Tempelschulen waren, und sie als Verfasser der Texte ansahen.

Auch wenn die Werke namentlich gezeichnet wären, würden wir die meisten Fassungen, die wir besitzen, wohl eher als Kompilationen einstufen müssen, die nicht mehr den Charakter des Originals haben. Es ist sicher, daß Generationen von Geschichtenerzählern und Schreibern Passagen ausgelassen und hinzugefügt haben, je nachdem, wie es ihnen zu ihrer Zeit angebracht oder aktuell erschien. Wenige Werke sind so aus einem Guß, daß aus ihnen die Persönlichkeit eines einzelnen Autors zu sprechen scheint. Das Gilgamesch-Epos ist als »Flickwerk« bezeichnet worden, und man entdeckt tatsächlich eine Reihe von Stellen, die eingefügt worden sind, um dem Ganzen Zusammenhang und Kontinuität zu geben, und gelegentlich fallen diese Nahtstellen stark ins Auge.

Zuhörer

Wenn man den Autoren selbst schon schwer auf die Spur kommen kann, so ist man auf reine Vermutungen angewiesen, wenn man ermitteln will, wer ihre Leser oder Zuhörer waren. Wir wissen, daß nur ein äußerst geringer Prozentsatz der Bevölkerung lesen und schreiben konnte. Wenn die anderen sich Zugang zur Literatur verschaffen wollten, waren sie also auf jemanden angewiesen, der lesen konnte, das heißt letztlich auf einen Schreiber. Man muß sich also fragen, wie die breite Masse ihr Bedürfnis nach »Literatur« befriedigen konnte.

Im Fall der ›Briefe an den Gott‹, von denen im vorhergehenden Kapitel die Rede war, lassen sowohl der Stil als auch der Inhalt darauf schließen, daß zumindest einige davon nicht etwa im Heiligtum vor einer auserwählten Gemeinde schweigend niedergelegt werden sollten, sondern dazu bestimmt waren, einer Versammlung von Bürgern laut vorgelesen zu werden. In einigen dieser ›Briefe‹ wird ganz bewußt Spannung aufgebaut: ein gefährlicher Feind tritt auf, die Lage scheint hoffnungslos, da greifen plötzlich die Götter ein und verhelfen dem Helden zu sicherem Triumph. Auch die Sprache ist, wie wir gesehen haben, mit ihren vielen Bildern sehr mitreißend und lebendig. Die Wunder des »Auslandes« werden phantasievoll beschrieben. Dies alles läßt auf eine Zuhörerschaft schließen, die gebildet genug war, nicht nur die Tradition des eigenen Landes zu kennen, sondern auch zu wissen, daß es andere Länder mit anderen Traditionen gab, und so Vergleiche und Gegenüberstellungen vornehmen zu können. Aufgrund ihrer Handelsbeziehungen wußten die Mesopotamier von anderen Ländern und konnten sich ein umfassendes Bild von dem machen, was außerhalb der eigenen Grenzen vor sich ging. Die lebendigen Schilderungen von Naturschönheiten haben nur Sinn, wenn das Publikum aktiv teilnimmt, und man kann sich gut vorstellen, wie die Zuhörer gebannt vor Staunen die phantasievollen Höhenflüge des Berichts verfolgten. Manchmal enthalten die Texte auch sehr detaillierte Informationen technischer Art, zum Beispiel über die Herstellung von Waffen, was wiederum darauf hindeutet, daß sich unter den Zuhörern auch Handwerksmeister befanden, die zum Beispiel wußten, wieviel Metall man brauchte, um eine anständige Axt zu verfertigen.

Wenn das Publikum hier etwas vage als »Versammlung von Bürgern« definiert wird, so geschieht das mit Bedacht; wir wissen nicht genau, wer privilegiert genug war, an solchen Lesungen teilnehmen zu dürfen. Wahrscheinlich hing das auch zu einem gewissen Teil davon ab, wo diese stattfanden, ob am Hof, im Tempel bei religiösen Festen, oder aber an den Lagerfeuern einer Karawane. Ganz sicher haben sich an verschiedenen Orten auch ganz verschiedene Zuhörer eingefunden.

Wie steht es aber mit dem Publikum der ›fiktiven‹ Literatur, der schriftlich ausformulierten Fassungen von Mythen und Legenden? War es wiederum eine »Versammlung von Bürgern«, die sich diese Texte anhörte, die, da sie in den antiken Bibliotheken gefunden wurden, den Stempel offizieller Anerkennung trugen? Oder war es eine mehr elitäre Gesellschaftsgruppe – Angestellte des Tempels und des Palastes zum Beispiel?

Die Mythen und Legenden, die uns durch glückliche Umstände erhalten blieben, sind viel subtiler und esoterischer als etwa die ›Briefe an den Gott‹. In diesen Geschichten können die Handlungsorte zwar sehr genau angegeben sein (Uruk und der Libanon im Gilgamesch-Epos, Babylon im Schöpfungsepos, Nippur im Epos von Anzu), es kann auch ein bestimmtes historisches Ereignis beschrieben werden (der Bau der Stadtmauern von Uruk, die Gründung Babylons), und die Helden können berühmte und ›reale‹ Personen sein (Gilgamesch, Etana), alles wird aber in einer sehr idealisierten und überhöhten Art und Weise dargestellt. Es finden sich wenige prosaische Detailinformationen. Der Handlungsverlauf ist nicht wichtig; manchmal gibt es so gut wie keine Handlung. Wenn es sie gibt, entwickelt sie sich langsam und wird des öfteren durch Betrachtungen von Naturschönheiten und der Wunder des Kosmos unterbrochen oder auch durch Deutungen äußerst rätselhafter Träume. Das Ergebnis ist eine sehr stilisierte Art von Literatur, die nicht ohne weiteres zugänglich ist, vor allem wenn man noch die sprachlichen Feinheiten, die subtilen

Wortspiele und sorgfältig ausgearbeiteten Wiederholungen mitberücksichtigt.

Das bringt einen zu der Frage, ob es neben der ›hohen‹ Literatur noch eine Art von Volksliteratur gegeben hat. Es liegt in der Natur der Sache, daß es für eine mündliche Erzähltradition wenig ›harte‹ Beweise – in Form von Tontafeln – geben kann. Eine solche Tradition muß aber existiert haben. Vereinzelte Tafeln, von denen man keine Kopien gefunden hat, lassen denn auch vermuten, daß ein reichhaltiger Vorrat an Liebesliedern, höfischen Erzählungen und Legenden, aktuellen, populären und derb-humorvollen Geschichten, Rätseln, Tierfabeln und Parabeln bestand. Wahrscheinlich gab es Fassungen, die nicht nur am Hof gesungen, erzählt und aufgeführt wurden, sondern auch in bescheidenerer Umgebung. Während des zweiten Milleniums beherbergten die Königshöfe von Ur, Isin, Larsa und Babylon Gelehrte und Dichter, und vermutlich waren diese Höfe auch zu anderen Zeiten die ›Kreativitätszentren‹, wo Texte, die zu dem volkstümlicheren Genre gehörten, entstanden. Aufgrund ihres zeitbezogeneren Inhalts und ephemeren Charakters sind diese Geschichten wohl, wenn überhaupt, auf weniger dauerhaftem Material festgehalten worden als auf gebrannten Tontafeln. Papyrus und Leder überleben aber nicht lange in einem feuchtwarmen Klima, und wachsüberzogene Bretter können leicht beschädigt werden.

Es ist möglich, daß die literarischen Texte, die uns auf Tontafeln erhalten blieben, manchmal zu Harfen- oder Leiermusik von professionellen Vortragskünstlern, die die Texte auswendig gelernt hatten, gesungen wurden. Was öffentlichen Vortrag anlangt, so gibt es einen Text, das Schöpfungsepos, von dem ausdrücklich gesagt wird, daß er als Bestandteil der Riten am vierten Tag der Feier des Neuen Jahres in Babylon rezitiert wurde.

Daß es eine Verbindung zwischen Mythos und Ritus gibt, ist gewiß, allerdings haben sich im Laufe der Zeit immer wieder die Ansichten darüber geändert, wie eng sie gewesen sein könnte. Zu Anfang unseres Jahrhunderts glaubten Bibelforscher, die von den Theorien J. G. Frazers, des Autors von *Der Goldene Zweig*, beeinflußt waren, daß alle Mythen aus religiösen Ritualen entstanden seien. Heute ist man mit solchen Aussagen vorsichtiger geworden. In vielen Fällen kann man nicht wissen, was zuerst da war, der Mythos oder der Ritus, und es gibt zweifellos in anderen Kulturen Mythen, die überhaupt keine Verbindungen zum Ritus haben. Das Abhängigkeitsverhältnis der beiden ist sehr komplex und variabel. Was den Kulturbereich des Nahen Ostens betrifft, so darf man die Möglichkeit, daß es solche Berührungspunkte gibt, nicht außer acht lassen, gleichzeitig muß man sich aber dessen bewußt sein, daß – von besonderen Fällen abgesehen, wie zum Beispiel dem Schöpfungsepos und dem Schlußteil von *Ischtars Abstieg in die Unterwelt*, in dem auf ein Ritual zu Ehren des Fruchtbarkeitsgottes Dumuzi angespielt wird – solche Verbindungen oberflächlich oder zufällig sein können, oder schlichtweg gar nicht existieren.

Gilgamesch und die Sintflut

Das Gilgamesch-Epos ist in akkadischer Sprache auf zwölf Tafeln niedergeschrieben, von denen jede einem ›Kapitel‹ entspricht. Der Hauptteil des Textes wurde während des vorigen Jahrhunderts in Ninive in den Ruinen des Tempels von Nabu und in der Palastbibliothek des Assurbanipal gefunden. Zu Beginn unseres Jahrhunderts erwarb der deutsche Assyriologe Bruno Meißner von einem Händler in Bagdad ein großes Bruchstück, das man in den Ruinen des antiken Sippar, dem heutigen Abu Habba, entdeckt hatte und das einen Teil der altbabylonischen Fassung von Tafel X trägt. 1914 kaufte dann die Universität von Pennsylvania von einem Antiquitätenhändler eine fast vollständige Tafel, auf der in sechs Kolumnen die altbabylonische Version des Textes von Tafel II überliefert ist. Ungefähr zur gleichen Zeit erstand die Yale-Universität bei demselben Händler eine Tafel, deren Text an den der ›Pennsylvania-Tafel‹ anschließt, also dem von Tafel III der akkadischen Fassung entspricht. Kurz vor dem Ersten Weltkrieg stieß ein deutsches Team bei Ausgrabungen in Aschur auf ein umfangreiches Fragment mit der assyrischen Fassung des Textes von Tafel VI; ebenfalls deutsche Archäologen entdeckten während einer Grabungskampagne von 1928/29 in Uruk zwei relativ kleine Bruchstücke, die zu Tafel IV gehören. Trotz dieser Glücksfunde ist es uns heute nicht möglich, das ganze Epos ohne Lücken zu rekonstruieren; wir besitzen aber immerhin rund dreitausend Zeilen von dem Textkorpus selbst und vier eigenständige sumerische Geschichten, von denen einzelne Partien in Akkadisch in das Epos eingegangen sind.

Wir wissen nahezu mit Sicherheit, daß Gilgamesch in jungen Jahren zum Herrscher Uruks aufstieg; dies geschah zur Zeit der Ersten Dynastie, um 2600 v. Chr. Die sumerische Königsliste schreibt ihm eine Regierungszeit von 126 Jahren zu. Er soll der Sohn der Göttin Ninsun gewesen sein, deren Gatte der König Lugalbanda war. Während Gilgamesch im Epos als »Sproß des Lugalbanda« bezeichnet wird, gibt die sumerische Königsliste an, daß ein »Hoherpriester aus Kullab« (einem Bezirk innerhalb Uruks) sein Vater war. In jedem Fall kommt Gilgamesch aufgrund seiner Abkunft zumindest der Status eines Halbgottes zu. Seine größte Tat war der Bau der Stadtmauern um Uruk; sie wird in dem Epos erwähnt und von einem späteren Herrscher des Stadtstaats, Anam, bestätigt: in seinem Bericht über den von ihm veranlaßten Wiederaufbau der Mauern bezeichnet er diese als »ein altes Werk des Gilgamesch«.

Das Epos beginnt mit einem kurzen Überblick über die Taten und das Schicksal seines Helden. Auf diese Weise wird die ›Szene vorbereitet‹: Gilgamesch tritt uns als jemand gegenüber, der über großes Wissen und große Weisheit verfügt und Kunde aus den Tagen vor der Flut in seine eigene Zeit hinüberbringt. Es wird gesagt, daß er eine lange Reise auf der Suche nach Unsterblichkeit antrat, daß er müde wurde und resignierte, nach Hause zurückkehrte, in eine Steintafel all das einritzte, was er getan und erlitten hatte, dann den Bau der Mauern von Uruk und des heiligen Tempels Eanna, den Wohnsitz der Göttin Ischtar, vollendete.

Der auf diese Weise abgesteckte Rahmen wird dann durch die eigentliche Geschichte gefüllt, zu deren Beginn uns Gilgamesch als ungestümer junger Mann entgegentritt, der sein *droit de seigneur* über alle unverheirateten jungen Mädchen Uruks ausübt, während er gleichzeitig alle kräftigen jungen Männer dazu zwingt, an den Stadtmauern und dem Tempel zu bauen. Schließlich rufen die Einwohner Uruks Aruru, die Mutter der Götter, an und bitten sie, einen Rivalen für Gilgamesch zu erschaffen:*

* In den hier zitierten mythologischen Texten wird das Fehlen eines oder mehrerer Wörter durch drei Punkte bezeichnet, Unsicheres oder Ergänztes durch Kursivdruck oder eckige Klammern. Drei Punkte in eckigen Klammern zeigen nur an,

Aruru wusch sich die Hände,
Kniff sich Lehm ab, warf ihn *draußen* hin.
Enkidu, den *gewaltigen*, schuf sie, einen Helden,
Einen Sprößling der Nachtstille, *mit Kraft beschenkt* von
Ninurta,
Mit Haaren *bepelzt* am ganzen Leibe;
Mit Haupthaar versehen wie ein Weib:
Das *wallende* Haupthaar, ihm wächst's wie der Nisaba!
Auch kennt er nicht Land noch Leute:
Bekleidet ist er wie Sumukan!
So verzehrt er auch mit den Gazellen das Gras,
Drängt er hin mit dem Wilde zur Tränke.

Dieser primitive Mensch, Enkidu, wird im folgenden zu einer der wichtigsten Figuren des Epos. Zuerst muß er jedoch gezähmt werden; dies unternimmt die Dirne Schamhat. Sie enthüllt ihm ihre vielen Reize, und nachdem Enkidu sie sechs Tage und sieben Nächte geliebt hat, ist er ein anderer Mensch:

Ihren Busen machte die Hure frei,
Tat auf ihren Schoß, er nahm ihre Fülle,
Sie scheute sich nicht, nahm hin seinen Atemstoß,
Entbreitet' ihr Gewand, daß auf ihr er sich bettete,
Schaffte ihm, dem Wildmenschen, das Werk des Weibes –
Sein Liebesspiel raunte er über ihr.
Sechs Tage und sieben Nächte war Enkidu auf,
Daß er die Hure beschlief.
Als er von ihrem Genusse satt war,
Richtet' er sein Antlitz hin auf sein Wild:
Da sie ihn, Enkidu, sahen,
Sprangen auf und davon die Gazellen,
Wich von seinem Leibe das Wild der Steppe.
Anspringen ließ Enkidu seinen gereinigten Leib,

daß beim Zitieren etwas ausgelassen wird. Das Gilgamesch-Epos wird nach der Übersetzung von Albert Schott zitiert, die Wolfram von Soden neu herausgegeben hat (Reclams Universal-Bibliothek Nr. 7235).

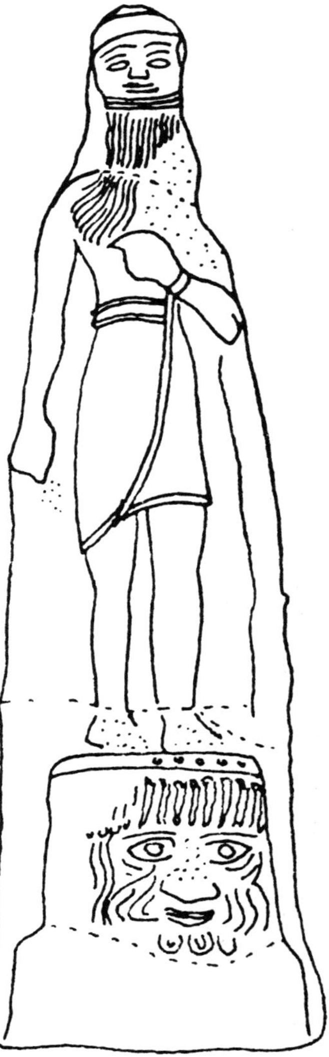

Vielleicht eine Darstellung des Helden Gilgamesch, der auf dem Kopf des besiegten Chumbaba steht. Obwohl es der längste und bestbekannte Mythos war, sind bildliche Darstellungen selten und oft nur schwer zu identifizieren

Doch ihm versagten die Knie, da hinwegging sein Wild.
Gehemmt wurde Enkidu, seines Laufens war nicht wie zuvor.
Er aber *wuchs*, ward weiten Sinnes,
Kehrte um und setzte sich zu Füßen der Dirne,
Ihr ins Antlitz schauend, der Dirne;
Und der Dirne, wie sie redet, hören zu seine Ohren.
Die Dirne sprach zu ihm, zu Enkidu:
»*Weise* bist du, Enkidu, bist wie ein Gott!
Warum läufst du in die Steppe mit dem Getier?
Komm, ich führ dich hinein nach Uruk-Gart,
Zum strahlenden Tempel, dem Wohnsitz von Anu und Ischtar!
Wo Gilgamesch ist, vollkommen an Stärke,
Und wie ein Wildstier seine überragende Kraft erprobt an den Mannen!«

Enkidu erklärt sich bereit, nach Uruk zu gehen, um Gilgamesch herauszufordern und ihm zu beweisen, daß sogar jemand, der im Steppenland geboren ist, ihn an Kraft übertreffen kann. Schamhat versucht ihn aber davon zu überzeugen, daß Gilgamesch sein Freund sein will:

Enkidu, dir, der du das Leben *nicht kennst*,
Will ich Gilgamesch zeigen, den so ungleich Gestimmten!
Sieh ihn, schau auf sein Angesicht:
An Männlichkeit schön ist er, Würde hat er,
An Fülle überreich an seinem ganzen Leibe;
Stärke, gewalt'gere, hat er denn du,
Ohne Ruhe bei Tag und bei Nacht.
Enkidu, gib deine Unart auf!
Gilgamesch – Schamasch hat Lieb' ihm erzeigt,
Anu, Ellil und Ea den Sinn ihm geweitet:
Ehe aus der Steppe du gekommen.
Sah Gilgamesch Träume von dir in Uruk [...].

Der Text von Tafel I endet mit zwei Träumen Gilgameschs. Beide Träume – im einen kommt ein Blitz, im anderen ein Stern vor – werden so gedeutet, daß ein starker Gefährte zu ihm kommen wird und daß die beiden sich lieben werden. Diesen guten Vorzeichen zum Trotz begegnen wir aber am Beginn von Tafel II einem zum Kampf bereiten Enkidu, der Gilgamesch, als er zu einem neuen amourösen Treffen eilt, den Weg versperrt:

Enkidu sperrte das Tor mit dem Fuß,
Daß Gilgamesch eintrat, gab er nicht zu.
Da packten sie sich, gingen in die Knie wie Stiere,
Zerschmetterten den Türpfosten, es erbebte die Wand!

Der Ringkampf endet damit, daß die beiden Helden zu der Einsicht gelangen, sie seien nicht dafür bestimmt, miteinander zu kämpfen, sondern Freunde zu sein. Sie planen sogleich eine gemeinsame Unternehmung: sie wollen Chumbaba (»Chuwawa« in der älteren Fassung), den Riesen des Zedernwaldes, töten, von dem es heißt: »Sein Brüllen ist Sintflut, Feuer sein Rachen, sein Hauch der Tod!«
Die Ältesten von Uruk sprechen sich zunächst gegen einen solchen tollkühnen Plan aus, finden sich dann aber damit ab und geben praktische Ratschläge. Tafel III beginnt folgendermaßen:

Die Ältesten segneten ihn,
Für den Weg berieten sie Gilgamesch:
»Nicht solltest du, Gilgamesch, traun deiner Kraft!
Deine Augen seien erleuchtet, behüte dich selbst!
Der da kennt den Steg, behütet den Freund:
Es gehe Enkidu vor dir her,
Gesehn hat er den Weg, befahren die Straße,
Er kennt des Waldes Zugänge,
All die bösen Anschläge Chumbabas!
[...]
Enkidu möge den Freund behüten, den Gefährten bewahren,
Bis zu den *Gattinnen* bring' er seinen Leib!
In unsrer Versammlung übergeben wir dir den König,
Du wirst heimführend den König uns übergeben!«

Die Lage des Zedernwaldes läßt sich nicht ganz eindeutig bestimmen. Eine frühere sumerische Fassung dieser Passage des Epos lokalisiert ihn im Osten Mesopotamiens, vielleicht in der Nähe des Zagros-Gebirges an der Grenze Elams, in der späteren Version heißt es aber, daß er im Westen, im Libanon, lag. Wir können uns eine Vorstellung davon machen, wie Chumbaba ausgesehen haben soll: im Britischen Museum befindet sich ein Tonkopf, der vermutlich aus Sippar stammt; eine Inschrift besagt, daß es sich um Chumbaba handelt, und mit seinem von Fettwülsten überzogenen Gesicht bietet er einen höchst abstoßenden Anblick.

Das Gesicht Chumbabas, des Riesen aus dem Zedernwald

Gilgamesch und Enkidu folgen den Ratschlägen der Ältesten: sie suchen Ninsun, die große Königin, auf. Diese bringt dem Sonnengott Schamasch ein Rauchopfer dar, damit er Enkidu in die Lage versetzte, den Freund zu beschützen und ihm zu einer glücklichen Heimkehr zu verhelfen.

Tafel IV, die leider schlecht erhalten ist, erzählt, wie die beiden Freunde aufbrechen, ihre Wegzehrung zu sich nehmen und abends ein Lager aufschlagen. Der epischen Tradition, aber auch seinem eigenen Charakter entsprechend, hat Gilgamesch in der Nacht mehrere äußerst beunruhigende Träume, die Enkidu aber so auslegt, daß ihre Unternehmung gegen Chumbaba erfolgreich sein werde.

Auf Tafel V wird die Ankunft der Freunde vor Chumbabas Behausung geschildert. Dem mesopotamischen Publikum, dem Wälder kaum bekannt gewesen sein dürften, wird eine anschauliche Beschreibung geliefert:

Still standen sie *am Rande* des Waldes,
Staunen immer wieder an die Höhe der Zedern,
Staunen zugleich an den Eingang des Waldes.
Wo Chumbaba zu gehen pflegte, war eine Fußspur,
Die Wege sind gerichtet, schön gemacht ist die Bahn.
Sie sehen den Zedernberg, die Wohnstatt der Götter, Irninis Weihesitz.
Angesichts dieses Berges trägt die Zeder ihre Fülle,
Ist ihr Schatten so wonnig, reich an Erquickung.
Ineinander verschlungen war das Dornbuschwerk, verfilzt das Gehölz.

Die beiden dringen in den Wald ein und stehen vor Chumbaba, der sie verspottet:

Chumbaba tat seinen Mund auf zu reden und sprach zu Gilgamesch:
»Beraten sollen sich da doch, Gilgamesch, der Tölpel
(und) der Dummkopf: Warum lieft ihr bis zu mir?

Gib den Rat doch, Enkidu, du Fischsohn, der seinen Vater nicht
kennt,
Den Schildkröten, klein und groß, die nicht einsaugen konnten
die Milch ihrer Mutter!«

Für unsere beiden Helden scheint keine Hoffnung mehr zu bestehen, Gilgamesch verzagt. Wie auch in anderen mesopotamischen Mythen treten jedoch in dieser verzweifelten Situation die Götter auf den Plan und richten ihre übernatürlichen Waffen gegen den Feind:

Schamasch erweckte gegen Chumbaba große Sturmwinde,
Den Süd(ost)wind, den Nord(west)wind, den (Nord-)
Ostwind, den (Süd-)Westwind, den *Böenwind*,
Den Sturm, den Wildsturm, bösen Wind, den Simurru-Wind,
Den Asakku-Dämon, den Schüttelfrost, den Sturmwind, den
Sandsturm:
Dreizehn Winde erhoben sich gegen ihn und verfinsterten
Chumbabas Gesicht.
Er kann nicht nach vorn stoßen, er kann nicht nach hinten
laufen.
Auch konnten die Waffen des Gilgamesch den Chumbaba
erreichen.

Chumbaba fleht um sein Leben, aber Enkidu bringt Gilgamesch dazu, ihm den Todesstoß zu versetzen. Sie enthaupten den Oger und setzen seinen Kopf auf ein Floß, das der Euphrat nach Nippur hinuntertragen wird.
Zu Beginn von Tafel VI wird beschrieben, wie Gilgamesch sich nach seiner Rückkehr nach Uruk reinigt und eine neue Robe mit einer Schärpe anlegt. Die Göttin Ischtar ist von seinem Anblick überwältigt:

Wie Gilgamesch die Königsmütze sich aufgesetzt,
Erhob zu Gilgameschs Schönheit
Ihre Augen die fürstliche Ischtar:

»Komm, Gilgamesch! Du sollst mein Gatte sein!
Schenk, o schenke mir deine Fülle!
Du sollst mein Mann sein, ich will dein Weib sein!
Ich will dir bespannen lassen einen Wagen von Gold und Lasurstein,
Mit goldenen Rädern und Hörnern von *›Mondstein‹*!
Mit *Stürmen*, mit großen Mauleseln soll er bespannt sein!
Unter Zederndüften betritt unser Haus!
Dir sollen beim Eintritt in unser Haus
Türpfosten und Thronsessel die Füße küssen!«

Siegelzylinder mit Abrollung. Zu sehen ist eine nackte Göttin – vielleicht ein syrisches Äquivalent zu Ischtar –, die ein Juwelengeschmeide trägt

Aber Gilgamesch widersteht der Versuchung und erinnert die Göttin mit schonungsloser Offenheit daran, welches Schicksal ihren vergangenen Liebhabern zuteil wurde: Dumuzi, ihr Jugendgeliebter, muß »Jahr für Jahr« weinen; dem bunten *Allulu*-Vogel hat sie den Flügel zerbrochen; dem Löwen hat sie Gruben gegraben »sieben und abermals sieben«; das Pferd hat sie mit Peitsche und Stachel bearbeitet und ihm auferlegt, ohne Halt »sieben Doppelstunden zu rennen«; den Hirten hat sie in einen Wolf verwandelt, und aus dem Gärtner ihres Vaters, Ischullanu, der ihr Körbe voll Datteln brachte, hat sie einen Frosch gemacht. »Und liebst du mich, so machst du mich jenen gleich!« lautet sein Schlußwort.
Ischtar ist solche offenen Worte nicht gewöhnt, sie stürmt zum Himmel empor und fordert von ihrem Vater Anu den Himmelsstier, damit er ihr helfe, Gilgamesch zu vernichten. Ihre schrecklichen Drohungen:

Schaffst du mir aber den Himmelsstier nicht,
So zerschlag ich die Türen der Unterwelt,
Zerschmeiß ich die Pfosten, laß die Tore weit offenstehn,
Laß ich auferstehn die Toten, daß sie fressen die Lebenden,
Der Toten werden mehr sein denn der Lebendigen!

erzielen die gewünschte Wirkung, und sie zieht mit dem Leitseil des Himmelsstiers in der Hand in Uruk ein.
Unten am Fluß schnaubt der Stier, und eine Erdspalte öffnet sich, in die einhundert Männer von Uruk hineinfallen; dasselbe wiederholt sich, und zweihundert Männer werden vom Erdboden verschluckt.

Durch sein drittes Schnauben wurde eine Grube geöffnet,
Und nun fiel Enkidu bis zu seiner Hüfte in sie hinein.
Herauf aus ihr sprang Enkidu, packte am Horn den Himmelsstier.
Der Himmelsstier warf nach vorn den Geifer aus,
Mit des Schweifes Dicke schleuderte er seinen *Mist.*

Abdruck eines Siegels aus blauem Chalzedon. Dargestellt sind möglicherweise Gilgamesch und Enkidu, die den Himmelsstier töten, und die Göttin Ischtar, die sie zu hindern versucht

Halbgeblendet ruft Enkidu nach Gilgamesch, der den Stier mit einem Schwertstich in den Nacken tötet. Sie weiden das Tier aus.

Auf stieg Ischtar auf Uruk-Garts Mauer,
Sie sprang auf …, stieß ein Wehgeschrei aus:
»Weh über Gilgamesch, der mich beschämt hat!
Den Himmelsstier erschlug er!«
Da Enkidu diese Rede der Ischtar hörte,
Riß er des Himmelsstiers Keule aus und warf sie ihr hin:
»Kriegte ich dich, auch dir tät' ich wie diesem!
Sein Geweide hängt' ich an deinen Arm!«
Es scharte Ischtar die Dirnen um sich,
Die Huren und Buhlerinnen:
Über der Keule des Himmelsstiers hebt sie ein Klagen an.

Gilgamesch ruft die Handwerksmeister der Stadt herbei, damit sie die Hörner des Stieres bewundern und schmücken. Er weiht sie seinem Vater Lugalbanda. Die beiden Helden reinigen sich im Euphrat und ziehen im Triumph durch die Straßen von Uruk: es ist der Höhepunkt des gesamten Epos.
Tafel VII ist nicht gut erhalten, etwa zwanzig Verse des Anfangs fehlen. Sie können jedoch zum Teil unter Heranziehung einer hethitischen Fassung ergänzt werden. Enkidu erzählt einen Traum, den er in der Nacht nach dem Kampf mit dem Himmelsstier gehabt hat; die Botschaft des Traumes ist klar:

Vernimm, welch einen Traum heute nacht ich gesehen:
Anu, Enlil, Ea und der himmlische Schamasch
Hielten Rat; zu Ellil sprach Anu:
»Dafür, daß sie getötet den Himmelsstier,
Auch den Chumbaba getötet haben,
Soll«, sprach Anu, »von ihnen sterben
Der, der den Bergen die Zeder entrissen!«
Enlil aber sprach: »Enkidu soll sterben,
Gilgamesch aber soll nicht sterben.«

Als Gilgamesch dies vernommen hat, brechen ihm »die Tränen in Strömen hervor«. Er geht, um den großen Göttern Gebete darzubringen. Enkidu verflucht sein Schicksal, verflucht vor allem die Dirne Schamhat, die ihn diesem Schicksal in die Arme getrieben hat. Schamasch antwortet für die Dirne:

Warum, Enkidu, verfluchst du die Dirne, die Hure?
Die dich götterwürdige Speisen essen ließ,
Mit feinstem Bier, wie's Königen ansteht, dich tränkte?
Mit vornehmer Kleidung dich kleidete,
Und Gilgamesch dir, den herrlichen, als Gesellen zu eigen gab?
Jetzt, Freund, ist Gilgamesch gar dein leiblicher Bruder!
Er läßt dich ruhen auf vornehmem Lager,
Ja, auf einem Ehrenlager dich ruhen,
Auf einem Sitz des Friedens, einem Sitz zur Linken läßt er dich hinsitzen,

Daß *die Herrscher* der Erde die Füße dir küssen.
Weinen läßt er um dich die Leute von Uruk und klagen,
Wohlgestellte Leute erfüllt er mit *Gram* um dich;
Er selbst läßt, *bleibt er* nach dir, schmutzbedeckt seinen Leib,
Tut eine Löwenhaut an und läuft in die Steppe.

Enkidus Zorn legt sich; er vergibt Schamhat. Er wird krank und träumt wieder von seinem eigenen Tod und seinem Abstieg zur Unterwelt. Zwölf Tage lang liegt er auf seinem Lager und wird immer schwächer. Tafel VIII setzt mit einer bewegenden Rede Gilgameschs an, in der er von seinem Freund Abschied nimmt; er zählt alle die auf, die um ihn weinen werden: die Ältesten von Uruk, die Männer der Berge, die Felder, der Wald, die Zypresse und die Zeder:

Weinen möge über dich Bär, Hyäne, *Tiger*, *Wisent*, *Parder*,
Löwe, Wildstier, Hirsch, Steinbock, alles Getier des Feldes!
Weinen möge über dich der heilige Ulai-Fluß, an dessen Ufer wir stolz einhergingen!
Weinen möge über dich der reine Euphrat-Fluß,
An dem wir so oft opferten (klares) Schlauchwasser!
Weinen mögen über dich die Männer des weiten Uruk-Gart,
Die wir im Kampf sahen, als wir den Himmelsstier töteten.

Enkidu kann diese Rede jedoch nicht mehr hören:

»Was ist das nun für ein Schlaf, der dich gepackt hat?
Du wurdest umdüstert und hörst mich nicht mehr!«
Der aber schlägt die Augen nicht auf,
Und da er nach seinem Herzen faßte, schlug es nicht mehr!

Enkidu ist tot, und Gilgamesch läßt einen Ruf durch das ganze Land ergehen, man solle ein kostbares Abbild seines Freundes schaffen, aus Kupfer, Silber, Lapislazuli, Edelsteinen und Gold. Der Rest der Tafel ist stark beschädigt; aus den erhaltenen Textpartikeln läßt sich darauf schließen, daß sie von den Beisetzungsriten handelte.

Tafel IX führt uns einen zutiefst verwirrten Gilgamesch vor Augen, der voller Angst vor dem Tod ziellos durch die Steppe schweift. Er entschließt sich, Utnapischtim aufzusuchen, der zusammen mit seiner Frau die große Flut überlebt haben und das Geheimnis des ewigen Lebens kennen soll. Die Reise zu ihm ist voller Gefahren: Löwen lauern auf den Gebirgspässen, und das Tor zum steilaufragenden Berg Maschu, durch das er hindurch muß, wird von Skorpionmenschen bewacht,

> Deren Furchtbarkeit ungeheuer ist, deren Anblick Tod ist,
> Deren großer Schreckensglanz Berge überhüllt [...].

Gilgamesch wird von dem Skorpionmann und seiner Frau zunächst feindselig empfangen, es gelingt ihm aber offenbar – die Tafel ist an dieser Stelle stark beschädigt –, sie dazu zu überreden, ihn passieren zu lassen, wenngleich der Skorpionmann ihm antwortet:

Skulptur eines Skorpionmenschen mit aufgerolltem Schwanz und gespreizten Zangen

Nicht gab es, Gilgamesch, *Menschen, die's konnten*!
Des Berges Inneres hat niemand *durchschritten*,
Auf zwölf Doppelstunden ist *finster sein* Inneres!
Dicht ist die Finsternis, kein *Licht ist da*!

Es folgt eine äußerst stilisierte Passage: drei Zeilen werden mit geringen Abänderungen mehrfach wiederholt, wodurch sehr wirkungsvoll Spannung aufgebaut wird:

Als er zwei [drei/vier/fünf usw.] Doppelstunden weit
gedrungen:
Dicht ist die Finsternis, kein Licht ist da,
Nicht ist ihm vergönnt zu sehen, was hinten liegt.

Man spürt an dieser Stelle geradezu, wie das mesopotamische Publikum mit ihm zusammen die durch das Dunkel zurückgelegten Meilen zählt.
Plötzlich tritt Gilgamesch in helles Sonnenlicht und in einen Edelsteingarten, von dessen Beschreibung leider ungefähr vierundzwanzig Verse fehlen:

Als er zwölf Doppelstunden weit gedrungen, herrscht die
Helle.
Er strebt, *die Edelsteinbäume* zu sehen:
Der *Karneol*, er trägt seine Frucht,
Eine Traube hängt dran, zum Anschauen geputzt.
Der Lasurstein trägt *Laubwerk*,
Auch trägt er Frucht, *lustig* anzusehen.

Viele verschiedene Bäume und Halbedelsteine werden aufgezählt; in der Ferne ist das Meer zu sehen; wahrscheinlich das Mittelmeer vor der phönizischen Küste. Dort lebt Siduri, die göttliche ›Schenkin‹.
Auf Tafel X wird Siduri eingeführt. Der Beruf der Bierschenkin ist für das zweite Jahrtausend aus zahlreichen Quellen belegt. Siduri hat aber nichts von einer fröhlichen Bardame an sich; sie tritt

uns eher als eine Art Prophetin gegenüber. Als sie Gilgamesch erblickt, verriegelt sie zunächst die Tür, weil sie denkt, er könne ein Mörder sein. In der Tat sieht er ganz anders aus als der junge Mann in sauberer Robe mit Schärpe, den Ischtar so unwiderstehlich fand:

Mit einem Felle ist er bekleidet ...,
Götterfleisch hat er, ...,
Harm ist da in seinem Gemüte,
Einem Wanderer ferner Wege gleicht sein Antlitz.

Gilgamesch spricht Siduri an und erzählt ihr, daß er – wahrscheinlich erwähnt er auch Enkidu, die Tafel weist hier Lücken auf – derjenige ist, der Chumbaba im Zedernwald erschlagen hat. Die Schenkin scheint alles über ihn und Enkidu zu wissen, auch, daß sie den Himmelsstier getötet haben; sie glaubt ihm aber nicht, daß er wirklich Gilgamesch ist:

Wenn du Gilgamesch bist [...],
Warum sind denn abgezehrt deine Wangen, gebeugt dein Antlitz,
Ist unfroh dein Herz, verlebt deine Züge,
Ist Harm in deinem Gemüte da,
Gleicht einem Wanderer ferner Wege dein Antlitz,
Ist von Nässe und Sonnenglut dein Antlitz versengt,
... und läufst in die Steppe?

Gilgamesch antwortet ihr:

Mein Freund, den ich über die Maßen liebte,
Der mit mir durch alle Beschwernisse zog;
Enkidu, den ich über die Maßen liebte,
Der mit mir durch alle Beschwernisse zog –
Er ging dahin zur Bestimmung der Menschheit.
Um ihn hab ich Tag und Nacht geweint,
Ich gab nicht zu, daß man ihn begrübe –

Ob mein Freund nicht doch aufstünde von meinem Geschrei –
Sechs Tage und sieben Nächte,
Bis daß der Wurm sein Gesicht befiel.

Gilgamesch erkundigt sich dann nach dem Weg, der zu Utnapischtim führt; er sagt:

Wohin ich gehen soll, weise mir ...!
Wenn es möglich ist, will ich das Meer überschreiten!

Die Schenkin erwidert, daß seit undenkbaren Zeiten mit Ausnahme von Schamasch, dem Helden, niemand mehr das Meer überquert habe:

Mühe schafft der Übergangsort, mühselig ist der Weg dahin,
Und dazwischen liegt das Gewässer des Todes, das *unzugänglich* ist!

Sie rät ihm, am Ufer des todbringenden Gewässers nach dem Schiffer Urschanabi Ausschau zu halten und ihn zu überreden, daß er ihn übersetze. Gilgamesch begibt sich unverzüglich auf die Suche nach Urschanabi. Offenbar kommt es zu einer Art Handgemenge, der Text ist an dieser Stelle jedoch sehr lückenhaft. Die gleiche Szene wie mit Siduri spielt sich ab – Urschanabi fragt den Fremden:

Warum sind abgezehrt deine Wangen, gebeugt dein Antlitz,
Ist unfroh dein Herz, verlebt deine Züge [...]?

Gilgamesch erteilt ihm die Antwort, die er schon der Schenkin gegeben hat, und erkundigt sich wieder, wie er zu Utnapischtim gelangen kann. Urschanabi gibt ihm den Auftrag, im Wald hundertzwanzig Stangen zu »fünfmal zwölf Ellen« zu schneiden und an ihnen Ruderblätter anzubringen. Sie besteigen Urschanabis Schiff und setzen über, wobei sie eine Stange nach der anderen benutzen. Urschanabi warnt Gilgamesch, daß das Wasser des Todes nicht seine Hände benetzen dürfe. Utnapischtim sieht sie aus der Ferne herankommen und beginnt ein Selbstgespräch; leider weist jedoch der Text an dieser Stelle wieder eine Lücke von zwanzig Versen auf. Nach dieser Lücke finden wir ein Gespräch zwischen Utnapischtim und Gilgamesch, das zunächst wieder mit der Frage anfängt, die schon Siduri und Urschanabi an den Fremden gerichtet haben: »Warum sind abgezehrt deine Wangen, verlebt deine Züge?« Gilgamesch antwortet mit genau denselben Worten wie zuvor und endet mit einer Schilderung der langen und gefahrvollen Reise, die ihn an diesen Ort geführt hat. Utnapischtim erwidert:

> Warum, Gilgamesch, *vermehrst* du die Klage?
> Der du aus Fleisch der Götter und Menschen *herrlich gestaltet bist* [. . .]?

Er weist ihn darauf hin, daß man dem Tod nicht entgehen kann. Seine Rede ist wohl die tiefgründigste des gesamten Epos:

> Möchte da etwa jemand den Tod sehen, jemand des Todes Angesicht,
> Jemand des Todes Ruf hören?
> Und doch ist es der grimme Tod, der die Menschen abknickt!
> Irgendwann errichten wir ein Haus!
> Irgendwann siegeln wir ein Testament!
> Irgendwann teilen die Brüder!
> Irgendwann herrscht Haß *im Lande*!
> Irgendwann führte das Hochwasser des angeschwollenen Flusses (etwas) davon,
> Libellen treiben flußab!
> Ein Antlitz, das in die Sonne sehen könnte,
> Gibt es seit jeher nicht.
> Der *Schlafende* und der Tote, wie gleichen sie einander!
> Das Bild des Todes zeichnen sie nicht!

Tafel XI des Gilgamesch-Epos, die sogenannte Sintflut-Tafel

Tafel XI, die sogenannte Flut-Tafel, beginnt damit, daß Gilgamesch fragt, warum er und Utnapischtim sich äußerlich gleichen, obwohl der eine sterblich und der andere unsterblich ist. In Beantwortung dieser Frage erzählt Utnapischtim die Geschichte von der großen Flut, und für den, der mit der Geschichte von Noah und der Sintflut vertraut ist, sind die Parallelen offensichtlich.
Die Götter beschließen, die Menschheit mit einer großen Flut zu strafen. Ea jedoch bricht aus ihren Reihen aus, um Utnapischtim vor dem bevorstehenden Untergang zu warnen. Durch ein Rohrhaus und eine Wand sendet er ihm eine Botschaft:

Mann von Schuruppak, Sohn Ubara-Tutus!
Reiß ab das Haus, erbau ein Schiff,
Laß fahren Reichtum, dem Leben jag nach!
Besitz gib auf, dafür erhalt das Leben!
Heb hinein allerlei beseelten Samen ins Schiff!

Ein großes Schiff, dessen Maße präzise angegeben sind, wird gebaut und zu Wasser gelassen. Utnapischtim erzählt:

Was immer ich hatte, lud ich darein:
Was immer ich hatte, lud ich darein an Silber,
Was immer ich hatte, lud ich darein an Gold,
Was immer ich hatte, lud ich darein an allerlei Lebenssamen:
Steigen ließ ich ins Schiff meine ganze Familie und die
Hausgenossen,
Wild des Feldes, Getier des Feldes,
Alle die Meistersöhne hab ich hineinsteigen lassen.

Die fürchterliche Flut bricht über das Land herein:

Sechs Tage und sieben Nächte
Geht weiter der Wind, die Sintflut,
Ebnet der Orkan das Land ein.
Wie nun der siebente Tag herbeikam,
Schlug plötzlich nieder der Orkan die Sintflut, den Kampf,
Nachdem wie eine Gebärende sie um sich geschlagen.

Ruhig und still ward das Meer,
Der böse Sturm war aus und die Sintflut.
Ausschau hielt ich *einen Tag lang*, da war Schweigen ringsum,
Und das Menschengeschlecht war ganz zu Erde geworden!
Gleichmäßig wie ein Dach die Aue.
Da tat ich eine Luke auf, Sonnenglut fiel aufs Antlitz mir;
Da kniete ich nieder, am Boden weinend,
Über mein Antlitz flossen die Tränen.

Utnapischtim läßt erst eine Taube aufsteigen, dann eine Schwalbe; beide kehren zurück. Dann schickt er einen Raben aus, der nicht wiederkommt, ein Zeichen dafür, daß das Wasser zurückgegangen ist. (In der Bibel schickt Noah zunächst einen Raben aus, dann zwei Tauben.) Utnapischtim bringt daraufhin den großen Göttern ein Opfer dar, und nachdem diese eine Zeitlang miteinander gestritten haben, weil »eine Seele entronnen« ist, erklärt Ellil ihn und seine Frau für unsterblich:

Ein Menschenkind war zuvor Utnapischtim;
Uns Göttern gleiche fortan Utnapischtim und sein Weib!

Nachdem er seine Erzählung beendet hat, wendet Utnapischtim sich wieder Gilgamesch und dessen Verlangen nach Unsterblichkeit zu. Er fordert ihn auf, sechs Tage und sieben Nächte, so lange wie die Flut dauerte, auf den Schlaf zu verzichten. Gilgamesch besteht die Probe nicht; kaum hat er sich zu Boden gesetzt – »wie ein Nebel haucht der Schlaf ihn an!« Als er nach sieben Nächten aufwacht, will er nicht glauben, daß er wirklich so lange geschlafen hat, aber sieben Brotlaibe, die einer nach dem anderen neben das Haupt des Schlafenden gelegt wurden und von denen einige schon steinhart sind, beweisen es ihm.
Entmutigt gibt Gilgamesch seine Suche nach Unsterblichkeit auf. Auf Utnapischtims Geheiß bringt Urschanabi ihn zum Waschort, damit er seine Hände und seinen Körper reinigen kann:

Seines Hauptes Binde werde erneuert!
Ein Gewand zieh' er an, das seiner Würde gemäß ist!
Bis daß er kommt zu einer Stadt,
Bis er gelangt auf seinen Weg,
Werde nicht grau sein Gewand, neu bleib' es, neu!

Urschanabi und Gilgamesch fahren zurück über das Todeswasser, doch Gilgamesch verläßt den Ort nicht mit leeren Händen. Bei den Völkern des östlichen Mittelmeerraums ehrte ein Abschiedsgeschenk, das dem heimfahrenden Fremden überreicht wurde, nicht nur den Beschenkten, sondern auch den Schenkenden. (In Homers *Odyssee* geben Menelaos und Helena dem Telemach solche Geschenke, und in dem ägyptischen Mythos vom schiffbrüchigen Seemann darf der Held die Insel, an deren Strand er gespült wurde, nicht wieder verlassen, bevor er reich beschenkt worden ist.) Als Abschiedsgeschenk enthüllt Utnapischtim Gilgamesch ein »Verborgenes«, ein Geheimnis der Götter: den Standort einer Pflanze, die den Menschen, der von ihr ißt, verjüngt. Gilgamesch findet diese Pflanze wie angegeben am Boden des Meeres, er nimmt sie und macht sich zusammen mit Urschanabi auf den Rückweg nach Uruk. Nach dreißig Meilen rasten sie, Gilgamesch steigt in einen Brunnen mit kaltem Wasser, um sich zu waschen; eine Schlange riecht die wohlduftende Pflanze und trägt sie davon – da »setzte Gilgamesch weinend sich nieder«. Er erkennt, daß es ihm verweigert ist, unsterblich zu werden.
Immer noch in Begleitung von Urschanabi erreicht Gilgamesch Uruk, und er weist den Gefährten voller Stolz auf die wahre große Tat hin, die er vollbracht hat, den Bau der Stadtmauer: »Drei Sar und den *(heiligen)* Bereich von Uruk *umschließt sie*!«
Hier endete das Epos wohl ursprünglich; die letzte Tafel scheint später angefügt worden zu sein. Der auf ihr enthaltene Text steht nicht im Einklang mit dem vorangegangenen, denn Enkidu tritt hier als Lebender auf, obwohl – wie wir gesehen haben – auf Tafel VII von seinem Tod berichtet wurde. Die Schlußtafel erzählt davon, daß Gilgamesch zwei hölzerne Gegenstände besitzt, ein *pukku* und ein *mekku* (vielleicht eine Trommel und Trommelstöcke),

und daß diese in die Unterwelt fallen. Enkidu steigt hinab, um sie ihm wiederzubeschaffen, da er sich aber nicht an die Unterweisungen hält, die Gilgamesch ihm gegeben hat, bleibt es ihm verwehrt, wieder zu den Lebenden emporzusteigen: »ihn packte die Erde«. Gilgamesch sucht einen Gott nach dem anderen auf, um die Freigabe des Freundes zu erwirken, was ihm schließlich auch gelingt; Enkidus ›Totengeist‹ entfährt der Erde; er berichtet Gilgamesch, was er in der Unterwelt gesehen und erlebt hat. Wenn man den Text der zwölften Tafel hinzunimmt, endet das Epos also recht düster, während uns am ursprünglichen Schluß – also am Ende von Tafel XI – ein mit seinem Schicksal versöhnter Gilgamesch gegenübersteht, der erkannt hat, daß das prächtige Bauwerk, das er errichten ließ, in alle Ewigkeit von ihm künden wird.

Der Mythos von Atrahasis

Die Geschichte von der großen Flut ist in einem weiteren akkadischen Mythos überliefert. Einer Fassung der sumerischen Königsliste zufolge war Atrahasis der Sohn von Ubara-Tutu, dem König von Schuruppak (dem heutigen Tell Fara in Zentralmesopotamien), der auf Tafel XI des Gilgamesch-Epos als Vater von Utnapischtim bezeichnet wird. Sowohl Atrahasis (»der ausnehmend Weise«) als auch Utnapischtim (»der das Leben fand«) können als Vorläufer des biblischen Noah gelten; es gibt auch eine entsprechende sumerische Figur, Ziusadra (»langes Leben«). In Atrahasis nehmen also sehr alte und universale Vorstellungen Gestalt an.

Der Mythos beginnt damit, daß die Götter (und nicht etwa die Menschen) all die harte Arbeit verrichten müssen, Kanäle graben, Wasserrinnen säubern – und diese Arbeit gefällt ihnen gar nicht. Nach 3600 Jahren sind sie der Mühsal überdrüssig, sie greifen zu den Waffen und erheben sich gegen Ellil. Ellil mißfällt es sehr, daß er mitten in der Nacht bedroht wird, und sein Gesicht verfärbt sich gelb wie eine Tamariske. Er ruft die großen Götter zu sich, um sich ihre Argumente anzuhören. Sie beschließen, daß Belet-ili, die Mutterschoß-Göttin, Sterbliche schaffen soll, die an Stelle der Götter alle mühseligen Arbeiten zu verrichten haben. Die Göttin erschafft sieben Männer und sieben Frauen. Aus dieser kleinen Gruppe entwickelt sich dann im Laufe der Zeit eine große Bevölkerung; für Ellil sind es zu viele Menschen:

Sechshundert Jahre, weniger denn sechshundert vergingen,
Das Land wurde zu weitläufig, zu zahlreich das Volk.
Das Land lärmte wie ein schnaubender Stier.
Der Gott wurde ruhelos wegen des Getöses,
Ellil mußte ihr Lärmen anhören.
Er wandte sich an die großen Götter:
»Das Lärmen der Menschheit ist zu groß geworden,
Ich verliere Schlaf über ihrem Getöse.«

Ellil versucht es mit Seuchen, mit Dürren, mit Hungersnöten. Atrahasis bemüht sich, den Maßnahmen des Gottes die Wirkung zu nehmen; am Ende erweisen sie sich indes als verheerend. Nach sechs Jahren verschlingen die Menschen ihre eigenen Töchter, und sie können nicht mehr die harte Arbeit verrichten, für die sie erschaffen wurden. Enki und Ellil streiten darüber, wie man weiter vorgehen soll. Ellil beschließt, eine »schlechte Tat« zu vollbringen, die Menschen durch eine Flut zu vernichten. Enki warnt Atrahasis und instruiert ihn genau, wie das Boot beschaffen sein soll, das er bauen muß, um der Flut, die sieben Tage dauern wird, zu entgehen:

Die Flut brüllte wie ein Stier,
Wie der Schrei des Wildesels war das Heulen der Stürme,
Dunkelheit war überall, es war keine Sonne.

Leider fehlen an dieser Stelle, wo die Handlung ihren Höhepunkt erreicht und es faszinierend gewesen wäre, Vergleiche zum Gilgamesch-Epos und zur Bibel anzustellen, ungefähr 58 Verse. Wir können die Geschichte erst wieder von dem Punkt an verfolgen, wo – ähnlich wie im Gilgamesch-Epos – die Götter sich um das

Skulptur eines liegenden Stiers mit Menschenkopf. Große geflügelte Stiere und Löwen schmückten und bewachten die Eingänge zu den Tempeln und Palästen

von Atrahasis dargebrachte Opfer versammeln und zu ergründen versuchen, wer von ihnen verantwortlich dafür war, daß einige Menschen überlebt haben. Enki schreibt es sich zugute, daß er Atrahasis auf die kommende Katastrophe hingewiesen habe. Der Schluß des Textes ist sehr lückenhaft, es scheint aber so, daß die Versammlung der Götter der Meinung ist, daß man der Fortpflanzung der Menschheit irgendwie Zügel anlegen müsse. Die Verantwortung dafür haben die Frauen zu tragen, deren Fruchtbarkeit eingeschränkt werden soll, entweder indem man sie unfruchtbar macht, oder aber, indem man die Angehörigen bestimmter gesellschaftlicher Gruppen, wie etwa die Tempeldirnen, zu bewußtem Verzicht verpflichtet.

Das Epos endet mit einer hymnischen Zusammenfassung, die wahrscheinlich von Ellil vorgetragen wird:

Wie wir die Flut sandten.
Ein Mensch aber die Katastrophe überlebte.
Du bist der Ratgeber der Götter;
Auf deinen Befehl schuf ich Streit.
Laß die Igigi diesem Gesang zuhören,
Damit sie dich preisen,
Und laß sie deine Größe verkünden.
Ich werde von der Flut singen zu allen Menschen:
Hört!

Das Schöpfungsepos

Anders als das Gilgamesch-Epos scheint das Schöpfungsepos außerhalb Mesopotamiens fast unbekannt gewesen zu sein. Tafeln sind in Sultantepe, Ninive, Kisch und Babylon gefunden worden, die auf ihnen enthaltenen Fassungen weichen aber – wiederum anders als beim Gilgamesch-Epos – nur geringfügig voneinander ab. Ein Epos ist es, insofern es von kosmischen Ereignissen handelt, es gibt aber in ihm keine sterblichen Helden und, wie wir sehen werden, wenig dramatisches Geschehen und keine atemberaubende Spannung. Es hat mehr den Charakter einer sakralen Schrift und wurde in Babylon während der Feiern zum Beginn des Neuen Jahres vorgetragen.
Die Erzählung setzt am Anfang aller Zeiten ein:

> Als die Himmel oben noch keine Namen trugen,
> Die Erde unten noch nicht bei ihrem Namen genannt wurde ...

Es gibt nur zwei Götter: Apsu, der die Ur-Gewässer unter der Erde repräsentiert, und Tiamat, die das Meer verkörpert. Sie zeugen vier Generationen von Göttern, die, ähnlich wie im Mythos von Atrahasis, großen Lärm machen, der schließlich unerträglich wird:

> Die Götter jener Generation sollten sich versammeln
> Und Tiamat stören, und ihr Lärmen hallte wider.
> Sie schufen Aufruhr in Tiamats Bauch,
> Sie verärgerten sie, weil sie in Anduruna [der Götterbehausung] ihre Spiele trieben.
> Apsu konnte diesen Lärm nicht eindämmen ...

Apsu stellt sich gegen Tiamat, die sich nachsichtig gegenüber ihren Nachkommen zeigt, und erklärt mit lauter Stimme:

Ihr Treiben ist sehr schmerzlich für mich geworden,
Am Tag kann ich nicht ruhen, in der Nacht nicht schlafen.
Ich werde ihr Treiben vernichten und sie zerstreuen!
Frieden soll herrschen, damit wir schlafen können.

Tiamat ist erzürnt, aber Apsu schmiedet mit seinem Wesir, Mummu, Pläne, wie man das Ärgernis abschaffen kann. Bevor sie jedoch ihren Plan ausführen können, erfährt Ea, »der alles weiß«, davon. Er interveniert, läßt Apsu und Mummu in einen tiefen Schlaf fallen und tötet sie dann. Ea übernimmt Apsus Gürtel, Krone und Strahlenmantel und errichtet später in dessen Wohnstatt seinen eigenen Herrschersitz. Dort erschaffen er und seine Gemahlin Damkina Marduk, ein in jeder Beziehung überlegenes Wesen:

Er saugte an den Brüsten von Göttinnen;
Die Amme, die ihn aufzog, machte ihn ehrfurchtgebietend.
Stolz war seine Gestalt, durchbohrend sein Blick,
Reif sein Geschlecht, er war kraftvoll von Beginn an.
Anu, der Erzeuger seines Vaters, erblickte ihn,
wurde froh und strahlte; sein Herz war mit Freude erfüllt.
Er machte ihn so vollkommen, daß seine Göttlichkeit doppelt war.
Weit über ihnen erzogen, war er in allem überlegen.
Seine Glieder waren mit einem Geschick gefertigt, das jedes Verständnis überschritt.
Unmöglich, es zu begreifen, zu schwierig, es zu erkennen.
Vier waren seine Augen, vier waren seine Ohren,
Wenn seine Lippen sich bewegten, sprang Feuer zwischen ihnen hervor.
Die vier Ohren waren ungeheuer,
Ebenso die Augen; sie nahmen alles wahr.
Höchster unter den Göttern war seine Gestalt herausragend.

Tiamat fühlt sich gestört und wirft sich ruhelos herum. Die Götter schmieden böse Pläne und überreden Tiamat, Apsus Tod zu rächen. Tiamat erschafft daraufhin eine Truppe furchterregender Monster:

Sie stellte eine gehörnte Schlange auf, einen *Mushussu*-Drachen
und einen *Lahmu*-Helden,
Einen *Ugallu*-Dämonen, einen tollwütigen Hund, und einen
Skorpionmann,
Angriffslustige *Umu*-Dämonen, einen Fischmann und einen
Stiermann.

Zwei kämpfende Ugallu-Dämonen

Abdruck eines Siegels aus schwarzweiß gesprenkeltem Diorit. Dargestellt ist ein Gott, der auf einem Mushussu-Drachen steht; ein weiterer Gott führt einen Gläubigen heran, der ein Opfertier trägt

An der Spitze dieser Ungeheuer steht Qingu, dem sie die Führung des Heeres überträgt. Sie setzt ihn auf einen Thron, spricht ihn als »ihren einzigen Liebhaber« an und überreicht ihm die »Tafel der Schicksale«, eine Ehrung, durch die sie ihm gleichzeitig die höchste Macht verleiht.

Abrollung eines Siegelzylinders. Zu erkennen ist ein Lahmu-Held, dessen Haar in der Mitte gescheitelt ist und in Locken zu beiden Seiten des Gesichtes herabhängt. Er nimmt an einem Kampf teil

Auf Tafel II wird erzählt, wie Tiamat ihre Streitmacht versammelt. Ea erhält Nachricht davon, er »war sprachlos und verharrte in Schweigen«. Dann beschreibt er seinem Vater Anschar Tiamats gigantische Schlangen; sie seien

Scharfen Zahns und schonungslosen Fanges.
Sie füllte ihre Körper mit Gift statt des Blutes.
Sie kleidete wilde Drachen in fürchterliche Strahlen
Und ließ sie Strahlenmäntel tragen.

Abrollung eines Siegelzylinders. Dargestellt sind kämpfende Stiermenschen

Wort für Wort wiederholt er noch einmal die Aufzählung der verschiedenen Ungeheuer und den Bericht von der Übergabe der »Tafel der Schicksale« an Qingu. Anschar ist äußerst besorgt, er ringt die Hände, beißt sich auf die Lippen, seine Leber entzündet sich, und sein Bauch gibt keine Ruhe. Er brüllt Ea an: »Du mußt derjenige sein, der den Krieg erklärt!«

Nach dieser Passage ist eine Lücke im Text, wir können aber vermuten, daß Ea aufbricht, um mit Tiamat zu kämpfen, und ihr unterliegt, denn nach dieser Lücke erteilt Anschar Anu einen ähnlichen Befehl wie zuvor Ea. Auch hier ist der Text unvollständig, es wird aber deutlich, daß Anu ebenfalls im Kampf gegen Tiamat unterliegt.

Anschar war sprachlos und starrte zu Boden;
Er knirschte mit den Zähnen, sah Ea an und schüttelte verzweifelt den Kopf.
Jetzt versammelten sich die Igigi, all die Anukki.
Sie saßen eine Weile stumm mit zusammengepreßten Lippen.

Schließlich sprechen sie:

Wird kein anderer Gott vortreten? Ist das Schicksal besiegelt?

Jetzt ist der richtige Zeitpunkt für Marduk gekommen. Aus seiner verborgenen Wohnstatt ertönt die Stimme Eas:

Der mächtige Held, der zum Verteidiger seines Vaters bestimmt war,
Der furchtlos in die Schlacht stürmt: Marduk der Held.

Marduk ist voller Freude; er nähert sich Anschar, dessen Herz ebenfalls wieder froh wird. Anschar überwindet seine Furcht und küßt Marduk auf den Mund. Marduk ist zuversichtlich:

Vater, mein Schöpfer, freue dich und sei froh!
Du wirst bald deinen Fuß auf den Nacken Tiamats setzen!

Er stellt jedoch eine Bedingung: wenn er Tiamat erfolgreich bekämpft und so ihrer aller Leben rettet, soll man ihn zum Obersten aller Götter machen.

Meine eigenen Worte sollen das Schicksal bestimmen statt der euren!
Was immer ich erschaffe, soll nie gewandelt werden!
Die Entscheidungen aus meinem Mund sollen nie zurückgenommen, nie verändert werden.

Anschar beruft eine Versammlung der Götter ein, eine Gelegenheit, in allen Einzelheiten zu wiederholen, was Tiamat getan hat, welche Drohung sie darstellt, wie Marduk auf den Plan getreten ist, und welche Forderungen er gestellt hat. Die Götter kommen, wie es sich geziemt, zu einem Bankett zusammen:

Sie wurden frei aller Sorgen, sie wurden fröhlich
Und sie setzten das Schicksal Marduks, ihres Verteidigers, fest.

Obwohl sie ihm vertrauen, unterziehen sie ihn erst einer Prüfung:

Sie errichteten in ihrer Mitte ein Sternbild,
Dann wandten sie sich zu Marduk, ihrem Sohn:
»Möge dein Spruch, o Herr, die Götter beeindrucken!
Befiehl zu zerstören und wiederzuschaffen, so laß es sein!
Sprich und lasse das Sternbild vergehen!
Sprich wieder zu ihm und laß das Sternbild wiederkehren.«
Er sprach, und auf sein Geheiß verging das Sternbild.

Mushussu-Drache vom Ischtar-Tor in Babylon (um 580 v. Chr.)

Er sprach wieder zu ihm, und das Sternbild wurde
wiedergeschaffen.
Als die Götter, seine Väter, sahen, welche Wirkung seine Worte
hatten,
Wurden sie froh, sie verkündeten: »Marduk ist König!«

Marduk bereitet seine Waffen für den großen Kampf vor: Pfeil und Bogen, eine Keule für die rechte Hand, einen Blitz, der ihm vorausgeht, und eine ewig lodernde Flamme in seinem Körper. Er knüpft auch ein Netz, um Tiamat darin zu fangen, und ruft sieben Winde, die ihm folgen und für Aufruhr im Inneren Tiamats sorgen sollen. Dann erhebt er seine große »Flut-Waffe« und besteigt seinen Streitwagen, der von vier Pferden gezogen wird, deren Zähne voll Gift sind; ihre Namen sind »Totschläger«, »Erbarmungslos«, »Renner« und »Flieger«.
Von einer Aura des Schreckens umgeben, macht sich Marduk auf den Weg zu Tiamat; als er sie zu Gesicht bekommt, verzagt er jedoch und weiß nicht, wie er vorgehen soll. Dies scheint etwas unrealistisch; es ist jedoch ein in den Mythen häufig angewandtes Mittel (vergleiche die entsprechende Stelle im Gilgamesch-Epos, S. 77), um die Spannung zu erhöhen: der eigentlich schon feststehende Sieg des Helden wird für kurze Zeit in Frage gestellt. Tiamat lächelt höhnisch, daraufhin kehrt Marduks Mut zurück; er fordert sie zum Einzelkampf. Die Kampfszene ist der Höhepunkt des Textes, auf den alles hingeführt hat:

Auge in Auge standen sie sich gegenüber, Tiamat und Marduk,
der Weise der Götter.
Sie begannen den Angriff, sie näherten sich einander zum
Kampf.
Der Herr breitete sein Netz aus und umgab sie damit,
In ihr Gesicht schickte er den *Imhullu*-Wind, der hinter ihm
gewesen war:
Tiamat öffnete den Mund, um den Wind zu verschlucken,
Und er trieb den Wind so in sie hinein, daß sie die Lippen nicht
schließen konnte.

Heftige Winde dehnten ihren Bauch;
Ihre Innereien wurden verstopft, und sie riß den Mund weit auf.
Er schoß einen Pfeil ab, der ihren Bauch durchbohrte,
Sie mittendurch spaltete und ihr Herz spaltete,
Besiegte sie und löschte ihr Leben aus.
Er warf ihre Leiche nieder und stellte sich darauf.

Die Götter, die einen Teil von Tiamats furchteinflößender Armee gebildet haben, geraten in Panik und suchen das Weite, Marduk fängt sie aber und stopft sie in sein Netz:

Was die Dutzende von Kreaturen betrifft, mit fürchterlichen Strahlen bedeckt,
Die Truppe der Dämonen, die alle zu ihrer Rechten marschiert waren,
So legte er ihnen Nasenriemen an und band ihre Arme.

Marduk erledigt auch Qingu und ringt ihm die »Tafel der Schicksale« wieder ab; er bringt sein eigenes Siegel darauf an und preßt sie an seine Brust. Dann wendet er sich noch einmal Tiamat zu:

Der Herr zertrampelte den Unterleib Tiamats,
Mit seiner unbarmherzigen Keule zerschmetterte er ihren Schädel,
Zertrennte die Bahnen ihres Blutes.

Er schneidet den Körper dann in zwei Hälften, so wie man einen »Fisch zum Trocknen« zerlegt; aus der einen Hälfte macht er ein Dach für den Himmel, aus der anderen den Erdboden, der die unterirdischen Wasser zurückhält. Auf ihm baut er den großen Tempel von Escharra, in dem er Kultzentren für Anu, Ellil und Ea einrichtet.

Dann geht Marduk daran, den Rest des Universums zu organisieren; er gibt den Monaten des Jahres ihren Namen, teilt jedem von ihnen drei Sterne zu, die den großen Göttern als Podeste dienen, und läßt den Halbmond am Himmel erscheinen, den er zum

Zeichnung nach einem Siegelzylinder. Sie zeigt Marduk und einen besiegten Mushussu-Drachen, eines der Monster, die Tiamat in die Schlacht führte. In der Linken hält Marduk als Zeichen seiner Königswürde einen Ring und einen Stab. Seine Robe ist mit Medaillons geschmückt, und er trägt eine reichverzierte Krone

»Juwel der Nacht, das die Tage bezeichnet« ernennt. Aus Tiamats Speichel macht er dahinjagende Wolken, Wind und Regen, aus ihrem Gift wabernden Nebel. Aus ihren Augen läßt er den Euphrat und den Tigris strömen.

Die Götter sind von Dankbarkeit überwältigt und bereiten einen Empfang für Marduk vor, auf dem Anu, Ellil und Ea ihm Geschenke überreichen. Sie kleiden ihn in prächtige Roben und verleihen ihm die Königswürde. Marduk erwidert dies mit folgender Rede:

Über Apsu, dem meergrünen Wohnort,
Vor Escharra, das ich für euch errichtet,
wo ich den Grund unter ihm festgemacht habe für einen Schrein,
Werde ich ein Haus als stattliche Wohnstätte für mich selbst bauen
Und seine [Marduks] Kultstätte darin begründen,
Und meine privaten Gemächer darin einrichten und mein Königtum bestätigen.
Wann immer ihr von Apsu aufsteigt zu einer Versammlung,
Sollt ihr des Nachts darin ruhen, es soll euch alle aufnehmen.
Wann immer ihr vom Himmel hinabsteigt zu einer Versammlung,
Sollt ihr des Nachts darin ruhen, es soll euch alle aufnehmen.
Ich gebe ihm hiermit den Namen Babylon, Heimstätte der großen Götter.
Wir werden es zum Zentrum der Religion machen.

Marduks Werk ist damit noch nicht beendet; er ist entschlossen, Wunder zu vollbringen, und erläutert Ea seinen Plan:

Laß mich Blut zusammenmengen und auch Knochen machen.
Laß mich das Urwesen schaffen: Mensch sei sein Name.

Wie im Mythos von Atrahasis soll der Mensch geschaffen werden, damit er für die Götter die Arbeit tue und die Götter sich der Muße hingeben können. Die Götter lassen ihre Rachegelüste an Qingus Leichnam aus, und mit seinem Blut wird die Menschheit geschaffen. Dann trennt Marduk die Götter in die des Himmels und die der Unterwelt. Aus Dankbarkeit bieten ihm die Götter an, selbst die Ruhestätte zu bauen, von der Marduk gesprochen hatte. Marduk ist begeistert:

Seine Züge erhellten sich, wurden wie Tageslicht.
»Schafft Babylon, dessen Bau ihr fordertet!
Laßt seine Schlammziegel geformt werden und bauet hoch den Schrein!«

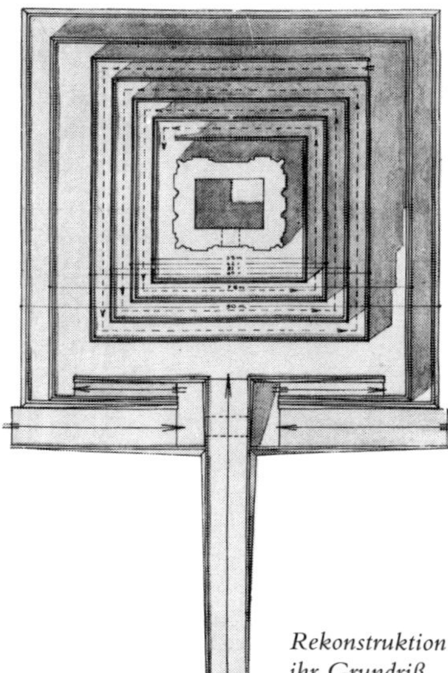

Rekonstruktion der Zikkurat von Babylon und ihr Grundriß

Dies wird die letzte Arbeit sein, die die Götter selbst ausführen müssen. Ein ganzes Jahr lang fertigen sie Ziegel an, und am Ende des Jahres haben sie den großen Schrein und die Zikkurat von Esagila errichtet. Zur Feier veranstaltet Marduk ein Bankett, bei dem er dann zum König der Götter ausgerufen wird. Das Epos endet mit einer Aufzählung der fünfzig Ehrennamen Marduks, von denen jeder eine esoterische Erklärung erhält.

Das Schöpfungsepos handelt zur Hauptsache von religiösen Dingen, weshalb es auch recht spannungsarm wirkt. Es gibt viele Wiederholungen, und seine Botschaft bleibt recht geheimnisvoll. Am Anfang steht nicht wie im Gilgamesch-Epos eine Einladung an das Publikum, »mitzugehen«. Wenn man es als literarisches Kunstwerk betrachtet, stellt man fest, daß der Schwerpunkt hier weniger auf dem Erzählen einer Geschichte liegt, sondern daß es gleichsam einen heraldischen Charakter hat, der durch den überhöhten hymnischen Stil noch unterstrichen wird. Es war wohl ein Werk, das gelesen und vielleicht auch in einem entsprechenden religiösen Kontext gespielt werden sollte, und das nicht so sehr zur Unterhaltung gedacht war.

Kürzere Mythen

Im Schöpfungsepos wird erzählt, wie Marduk im Pantheon an die höchste Stelle stieg; im Epos von Erra, das vermutlich im 9. oder 8. Jahrhundert vor Christus entstand, wird ein ganz anderes Bild von ihm gezeichnet. An Stelle des Helden begegnet uns hier ein seniler, entmachteter und heruntergekommener Marduk. Schreiber und Poeten müssen in einige Verlegenheit gekommen sein, als sie zu erklären versuchten, warum das einst so ruhmreiche Babylon von seinen Göttern verlassen und von Feinden erobert worden war, und vielleicht ist dies der Grund dafür, daß dieses Werk ausgesprochen polemisch und rhetorisch ist.
Das Epos enthält Passagen, in denen die Auswirkungen von Krieg und Seuchen, beides das Werk des Gottes Erra, sehr dramatisch beschrieben sind; ebenso eindringlich werden die Segnungen von Frieden und Prosperität dargestellt, deren Babylon wieder teilhaftig werden wird, wenn sein Schutzgott an seinen rechtmäßigen Platz zurückgekehrt ist. Allerdings gibt es kaum so etwas wie eine Handlung, und die Ereignisse werden auch nicht in einer stringenten Abfolge dargestellt; die drei Hauptpersonen, Erra, der gute Wesir Ischum und Marduk, treten nacheinander ins Rampenlicht, und jeder von ihnen deklamiert einen längeren Text.

Das Epos von Erra

Der Text beginnt mit einer Formel, die im Epos von Anzu wiederbegegnet: »Ich singe vom Sohn des Königs aller bewohnten Länder«, einem Prolog, der an Erra und Ischum gerichtet ist. Erra, »Krieger der Götter, ward unruhig in seinem Heim«, in seinem Herzen verlangte ihn danach, Krieg zu führen. Erra (auch als Nergal bekannt) war der Gott der Seuchen und der Herr der Unter-

Tonamulett mit einem Auszug aus dem Epos von Erra. Ein solches Amulett wurde im Haus aufgehängt, um die Bewohner vor der Pest, die Erra personifizierte, zu schützen. Die Vorrichtung zur Befestigung befindet sich unten, so daß der Text offensichtlich auf dem Kopf stand, wenn das Amulett an seinem Platz hing

welt. Sein Ruf war derart, daß Auszüge aus dem Epos später auf Ton-Amuletten niedergeschrieben wurden, die man in die Häuser hängte, um Seuchen fernzuhalten und die Bewohner zu schützen.

Trotz seiner kriegerischen Stimmung wird Erra von Lethargie befallen und kann sich nicht dazu durchringen, zu handeln. Er heißt seine Waffen »im Schrank aufgestellt zu bleiben«; aber diese »Waffen«, unter denen die Sebitti, sieben Krieger-Götter, die an seiner Seite marschieren, herausragen, machen ihm Vorhaltungen:

> Warum bleibst du in der Stadt wie ein schwacher alter Mann?
> Wie kannst du zu Hause bleiben wie ein lispelndes Kind?
> Sollen wir das Brot der Frauen essen wie jemand, der nie aufs Schlachtfeld marschiert ist?
> Sollen wir furchtsam und unruhig sein, als ob wir keine Kampfeserfahrungen hätten?
> Auf das Schlachtfeld zu ziehen, ist für junge Männer so gut wie ein Fest.

Sie klagen, daß sie bald nicht mehr kriegstauglich sein werden:

> Und wir, die wir die Gebirgspässe kennen, wir haben die Straße ganz vergessen.
> Spinnweben haben sich über unsere Feldausrüstung gezogen.
> Unsere treuen Bogen haben sich aufgelehnt und sind nicht mehr biegsam genug für unsere Kräfte.
> Die Spitzen unserer scharfen Pfeile sind stumpf.
> Unsere Dolche sind vom Grünspan zersetzt, weil sie nicht genügend geschlachtet haben.

Der Krieger in Erra wird durch ihre Worte, die ihm Vergnügen bereiten »wie das beste Öl«, aufgeweckt. Er befiehlt seinem Wesir Ischum voranzugehen. Ischum weigert sich, aber Erra ist entschlossen, Marduk gegenüberzutreten. Er begibt sich in dessen Tempel in Babylon, Esagila, und sagt ihm unverblümt, daß sein prächtiges Kleid schmutzig ist und seine Krone verrostet. Es ist eine List, mit der er Marduk aus dem Weg schaffen will. Marduk erklärt, daß die Handwerker, die den früheren Glanz seiner Insignien wiederherstellen könnten, jetzt im Reich des süßen Wassers unter der Erde sind und nicht wieder emporsteigen können. Erra überredet Marduk, zu ihnen hinabzusteigen, und verspricht ihm, daß er in der Zwischenzeit herrschen und über den Himmel und die Erde wachen wird. Marduk macht sich tatsächlich auf den Weg in die Unterwelt.

In seiner Abwesenheit versucht Erra Babylonien zu verwüsten, er verwandelt die Städte in eine Wildnis, entweiht die heiligen Schreine, legt die königlichen Paläste in Schutt und Asche und sät Streit unter den Familien. Ischum greift ein und bemüht sich zweimal erfolglos, Erra von seinem Plan abzubringen. Beim drittenmal beschreibt er mit glühenden Worten, welche widernatürlichen Zustände durch Erras Wüten in Babylonien eingezogen sind:

Der, der Waffen nicht kennt, zieht seinen Dolch aus der Scheide,
Der, der die Schlacht nicht kennt, macht Krieg.
Der, der keine Flügel kennt, fliegt wie ein Vogel. Der Schwächling überwältigt den Meister der Kraft;
Der Dickwanst überholt den schnellen Läufer.

Ischum berichtet, daß Marduk selbst »Wehe!« gerufen und sich ans Herz gegriffen habe. In ganz Babylonien, in Sippar, Uruk und Der, bekriegen sich die Menschen, und das Land wird verwüstet. Er schließt:

Oh, Krieger Erra, du hast die Gerechten zu Tode gebracht,
Du hast die Ungerechten zu Tode gebracht.
Du hast den Mann zu Tode gebracht, der gegen dich gesündigt hat.
Du hast den Mann zu Tode gebracht, der nicht gegen dich gesündigt hat.
Du hast den *En*-Priester zu Tode gebracht, der rechtzeitig die *Taklimu*-Opfer darbrachte,

Du hast den Höfling zu Tode gebracht, der dem König diente,
Du hast den alten Mann in der Vorhalle zu Tode gebracht,
Du hast die jungen Mädchen in ihren Schlafgemächern zu Tode gebracht.
Und doch gibst du keine Ruhe ...

Erra zeigt sich uneinsichtig und spricht alle Götter an:

Seid ruhig, ihr alle, und vernehmt, was ich zu sagen habe!
Was wäre, wenn ich den Schaden absichtlich bereiten wollte, den meine unrechten Taten verursacht haben?
Wenn ich wütend bin, zerstöre ich Menschen.

Ischum beruhigt ihn:

Krieger, sei still und höre meine Worte!
Was wäre, wenn du jetzt ruhtest, und wir dich bedienten?
Wir wissen alle, daß niemand dir in deinem Zorn standhalten kann.

Besänftigt kehrt Erra in seinen Tempel in Kutha zurück. Ischum versammelt die versprengten Einwohner Akkads um sich, er prophezeit ihnen Zeiten des Sieges und des Wohlstandes, in denen sie auf das Unglück, das sie einst befiel, zurückschauen werden:

Unzählige Jahre lang wird der Ruhm des großen Herrn Nergal und des Kriegers Ischum [verkündet werden]:
Wie Erra zornig wurde und danach trachtete, Länder zu überwältigen und ihre Menschen zu zerstören,
aber Ischum, sein Ratgeber, ihn beruhigte, so daß er einen Überrest bestehen ließ.

Und das Epos schließt mit den Worten Erras:

Laßt diesen Gesang für immer überdauern, laßt ihn für alle
Ewigkeit überdauern!
Laßt alle Länder ihm lauschen und meine Tapferkeit preisen!
Laßt Menschen, die sich niedergelassen haben, sehen und
meinen Namen erhöhen!

Etana

Dieser Mythos handelt von einem sehr frühen König von Kisch, dessen Name auf der sumerischen Königsliste erscheint. In eine Fabel von einem Adler und einer Schlange, die auf demselben Baum wohnen, ist das zentrale Motiv eingebettet: ein kinderloser König sucht eine magische Pflanze, die ihm zu einem Erben verhelfen soll. Es ist der einzige mesopotamische Mythos, zu dem Illustrationen entdeckt worden sind: auf zylindrischen Siegeln aus der akkadischen Periode (2390–2249 v. Chr.) ist die Episode dargestellt, in der Etana auf dem Rücken des Adlers zum Himmel aufsteigt. Es ist möglich, daß es sich bei der Geschichte von dem Streit zwischen Adler und Schlange einst um eine eigenständige Fabel handelte; der sumerische Text von »Gilgamesch und dem Halub-Baum«, in dem von einer Schlange und einem Vogel erzählt wird, die auf einer Pappel leben, scheint diese Theorie zu stützen.

Tafel I beginnt mit der Gründung der Stadt Kisch, an der die großen Götter, die Igigi und die Annunaki, beteiligt gewesen sind. Ischtar sucht überall nach einem König und Ellil nach einem Podest für den Thron. Leider fehlen die letzten 120 Zeilen, aber wir können vermuten, daß Ellil und Ischtar gemeinsam dafür sorgen, daß Etana den Thron besteigt.

Auf Tafel II werden der Adler und die Schlange eingeführt, die auf einer Pappel leben, die im Schatten des Thrones steht. Die beiden schließen einen Pakt ab, die Grenze, die Schamasch ihnen gesteckt hat, nicht zu überschreiten, und leben eine Zeitlang einträchtig zusammen. Sie gehen abwechselnd auf die Jagd und teilen die Beute zwischen sich und ihren Jungen auf. Aber dann sind die Jungen des Adlers groß und stark geworden:

Der Adler schmiedete Böses in seinem Herzen,
Und in seinem Herzen schmiedete er Böses,
Und beschloß, die Jungen seines Freundes zu fressen.

Dem Adler wird sofort eine Warnung zuteil:

Ein kleines Küken, besonders weise, richtete seine Worte an den Adler, seinen Vater:
»Vater, friß nicht! Das Netz von Schamasch wird dich fangen.
Die Schlingen [, auf die] der Eid von Schamasch [geschworen wurde,] werden dich überwältigen und fangen.«

Aber der Adler achtet nicht auf die Warnung. Er wartet bis zum Abend, steigt dann hinab und frißt die Jungen der Schlange. Die Schlange kommt mit Fleisch beladen zurück und starrt auf ihr Nest: »Sie starrte, denn ihr Nest war nicht da.«
Die Schlange wartet die ganze Nacht auf den Adler, am Morgen bricht sie in Tränen aus und ruft Schamasch an:

Ich vertraute auf dich, Schamasch, den Krieger,
Und ich war hilfreich dem Adler, der auf den Zweigen lebte.
Jetzt hat Kummer das Nest der Schlange befallen.
Mein eigenes Nest ist nicht da, während sein Nest sicher ist.
Meine Jungen sind verstreut, und seine Jungen sind sicher.
Er kam herunter und fraß meine Jungen!
Du kennst das Unrecht, das er mir angetan hat, Schamasch!
Wahrlich, Schamasch, dein Netz ist so umfassend wie die Erde,
Deine Schlinge ist so weit wie der Himmel!
Der Adler sollte deinem Netz nicht entgehen ...

Die Schlange findet bei Schamasch Gehör; er weist sie an, einen wilden Stier zu suchen (der gefesselt wartet), seine Innereien zu öffnen und sich in seinem Magen zu verbergen. Vögel aller Art würden kommen, um von dem Fleisch zu fressen, und der Adler würde darunter sein. Die Schlange solle ihn dann ergreifen, ihm die Flügel abschneiden und ihn in eine tiefe Grube werfen, wo er vor Hunger und Durst sterben müsse.

Alles ereignet sich wie vorhergesagt, obwohl das ausnehmend kluge Adlerküken ein zweites Mal seinen Vater von unüberlegten Handlungen abzuhalten versucht: »Geh nicht hinunter, Vater, vielleicht liegt die Schlange in dem wilden Stier auf der Lauer!« Wieder wird ihm kein Gehör geschenkt, und bald liegt der Adler mit gebrochenen Flügeln auf dem Boden der Grube.
Jetzt ist es am Adler, zu Schamasch zu beten, was er jeden Tag tut. Schließlich antwortet ihm Schamasch:

Du bist schlecht, und du hast meinem Herzen Kummer
bereitet.
Du hast eine Tat begangen, die man nicht vergeben kann,
die die Götter verabscheuen.
Du liegst im Sterben, und ich werde nicht zu dir kommen!
Aber ein Mann, den ich zu dir aussende, kommt – laß ihn
dir helfen.

Dieser Mann ist Etana, der ebenfalls jeden Tag zu Schamasch gebetet hat:

Oh Herr, laß das Wort aus deinem Munde gehen
Und gib mir die Pflanze der Geburt,
Weise mir die Pflanze der Geburt!
Nimm die Schmach von mir und gib mir einen Sohn!

Schamasch macht Etana genaue Angaben, wo der verlassene Adler zu finden ist, und sagt ihm, daß der Vogel ihm die magische Pflanze zeigen werde.
Tafel III beginnt damit, daß Etana den Vogel in der Grube findet und ihn bittet, ihm die Pflanze zu zeigen. Der Adler erklärt sich bereit dazu, zuerst müsse es ihm aber gelingen, die Grube zu verlassen. Und so bringt ihm Etana mit großer Geduld bei, wieder zu fliegen. Ein Monat, zwei Monate, drei, vier, fünf, sechs, sieben Monate vergehen:

Im achten Monat half er ihm aus seiner Grube.
Der Adler, jetzt wohlgenährt, war so stark wie ein wilder Löwe.
Der Adler ließ seine Stimme vernehmen und sprach zu Etana:
»Mein Freund, wir sind wirklich Freunde, du und ich!
Sag mir, was du von mir wünschst, daß ich es dir geben kann.«

Etana läßt keine unnütze Zeit verstreichen; er bittet den Adler, seinem Schicksal eine Wende zu geben und ihm die Pflanze der Geburt zu zeigen. Der Adler macht sich in den Bergen auf die Jagd nach der Pflanze, kann sie aber nicht entdecken; er schlägt daher Etana vor, daß er ihn auf seinem Rücken in die Lüfte tragen will:

Leg deine Arme über meine Seiten,
Leg deine Hände auf die Federn meiner Schwingen.

Etana tut dies, und gemeinsam erheben sie sich eine Meile hoch. Der Adler sagt zu Etana: »Mein Freund, schau dir das Land an! Wie erscheint es dir?« Etana erwidert, das weite Meer sei nicht größer als eine Schafhürde! Sie steigen noch eine Meile höher:

Abrollung eines Siegelzylinders aus Serpentinstein. Rechts ist Etana zu erkennen, der auf dem Rücken des Adlers sitzt

»Mein Freund, schau dir das Land an. Wie erscheint es dir?«
»Das Land hat sich in einen Garten verwandelt ...
Und das weite Meer ist nicht größer als ein Eimer!«

Sie steigen noch um eine weitere Meile höher, und der Adler stellt wieder seine Frage. Diesmal antwortet Etana, daß er das Land nicht einmal sehen und auch das weite Meer nicht entdecken kann.

Mein Freund, ich kann nicht weiter gen Himmel steigen.
Kehre um und laß mich in meine Stadt zurückgehen.

Der Adler bringt ihn wieder zur Erde hinunter – nach dieser Stelle fehlt ein Textstück von ungewisser Länge, aber offensichtlich kehren sie nach Kisch zurück, wo Etana mehrere Träume hat, in denen er zu einem neuen Versuch, den Himmel zu erreichen, ermutigt wird. Der Adler trägt ihn wieder in die Lüfte – eine Meile, zwei Meilen, drei Meilen hoch –, und sie kommen im Himmel Anus an. Der Adler und Etana passieren das Tor von Sin, Schamasch, Adad und Ischtar und verneigen sich. An dieser Stelle bricht der Text ab. Wir wissen nicht, was danach im Himmel Anus geschah, da aber der sumerischen Königsliste zufolge nach Etana sein Sohn Balil den Thron bestieg, dürfen wir vermuten, daß die beiden Freunde irgendwann im Verlauf der weiteren Handlung die Pflanze der Geburt gefunden haben.

Adapa

Adapa ist, wie Etana und Gilgamesch, ein Sterblicher göttlicher Abstammung. Ähnlich wie Gilgamesch scheitert auch er auf seiner Suche nach Unsterblichkeit, erhält aber ebenfalls zum Ausgleich etwas anderes: er wird der Weiseste aller Menschen.
Adapa ist ein Priester des Ea in dessen Tempel in Eridu. Jeden Tag vollzieht er die vorgeschriebenen rituellen Handlungen: er backt Brot und stellt Opfertische auf, und als Fischer des Tempels fährt er auch in seinem Boot hinaus, um Fische zu fangen. Eines Tages

wird seine genau eingehaltene Tageseinteilung vom Südwind gestört – wir wissen allerdings nicht genau wie, da der Text hier eine Lücke unbekannter Länge aufweist. Der Text beginnt wieder damit, daß Adapa den Südwind beschimpft und ihm androht, ihm einen Flügel zu brechen. Er tut dies auch, und sieben Tage lang weht der Südwind nicht mehr auf das Land zu. Anu bemerkt dies und fragt seinen Wesir Ilabrat nach dem Grund. Ilabrat erzählt ihm, daß Adapa den Flügel des Südwinds gebrochen hat, worauf der Gott verlangt, daß Adapa zu ihm kommen solle. Bevor dieser aufbricht, erhält er eine Warnung von Ea:

Wenn du vor Anu stehst,
Werden sie dir das Brot des Todes reichen, also darfst du nicht essen,
Werden sie dir das Wasser des Todes reichen, also darfst du nicht trinken.

Adapa tritt vor Anu und erklärt, was geschehen ist:

Mein Gebieter, ich fing Fische in der Mitte der See,
für das Haus meines Herrn [Ea].
Aber er blähte die See zu einem Sturm auf,
Und Südwind blies und versenkte mich!
Ich mußte im Heim der Fische Wohnung nehmen,
In meiner Wut verfluchte ich Südwind.

Dumuzi und Gizzida, zwei Götter, die die Tür hüten, machen sich zu Fürsprechern Adapas. Anu beruhigt sich und befiehlt, daß man Adapa zu essen und zu trinken bringe:

Sie holten ihm das Brot des [ewigen] Lebens, aber er wollte nicht essen.
Sie holten ihm das Wasser des [ewigen] Lebens, aber er wollte nicht trinken.

Da er sich der Warnung Eas erinnerte, hat Adapa das Brot und das Wasser des ewigen Lebens zurückgewiesen. Weil der Rest des Epos fehlt, wissen wir nicht, ob Ea Adapa bewußt hatte täuschen wollen oder ob er wirklich glaubte, daß man ihm das Brot und das Wasser des Todes reichen würde.

Das Epos von Anzu

Dieses Epos führt uns zu einem Thema zurück, das wir bereits aus dem Schöpfungsepos kennen; auch hier begegnet uns ein Rebell, der sich die höchste Macht verschaffen will und dieses Ziel mit List und Betrug zu erreichen sucht. Wieder muß ein Retter gefunden werden, der den Usurpator in heldenhaftem Kampf besiegt. Der »Böse« ist hier Anzu, der Sohn Anus, der die Gestalt eines Vogels hat.

Auch dieses Epos beginnt mit der Formel: »Ich singe von ...«. In der Standardfassung ist der Held der Kriegsgott Ninurta; in einer altbabylonischen Fassung ist es Ningirsu, der Schutzgott der Stadt Girsu in Zentralmesopotamien. Diese zweite Fassung ist gekürzt, und wir besitzen nur einen kleinen Teil von ihr.

Die Geschichte beginnt mit einem Prolog, in dem zur Einführung Ninurtas von dessen mächtigen Taten berichtet wird. Dann erzählen die Götter Ellil von der Geburt Anzus. Die Beschreibung Anzus ist nur unvollständig erhalten, aber man kann ihr entnehmen, daß er als ein Wesen voller Kraft, Stärke und Wut dargestellt wird. Ea überredet Ellil, Anzu als seinen persönlichen Leibwächter in Dienst zu nehmen. Anzu wird damit beauftragt, den Eingang zu Ellils Gemächern zu bewachen. In Gegenwart Anzus badet Ellil oft in heiligem Wasser, und der Wächter schaut voller Verlangen zu:

> Seine Augen starrten auf den Prunk der Ellil-Macht:
> Seine herrschaftliche Krone, seine göttliche Robe,
> Die Tafel der Schicksale in seinen Händen. Anzu starrte
> Und starrte auf den Gott Durankis, Vater der Götter,
> Und setzte seinen Sinn darauf, zu erobern die Ellil-Macht.

Schon sehr bald steht sein übler Plan fest:

Und am Eingang des Gemaches, von dem er oft starrte, wartete
er auf den Beginn des Tags.
Als Ellil badete im heiligen Wasser,
Ohne Kleider und die Krone auf den Thron gelegt,
Ergriff er die Tafel der Schicksale für sich selbst,
Nahm weg die Ellil-Macht.

Anzu fliegt mit den göttlichen Regalien in ein Versteck. Anu fordert sofort seine Tötung. Zunächst ruft er seinen eigenen Sohn Adad herbei, der Anzu mit seiner Waffe, dem Blitz, niederstrekken soll; er verspricht ihm den Vorsitz in der Versammlung der Götter, falls er Erfolg haben sollte. Aber Adad will sich nicht auf den Weg machen:

Vater, wer könnte hin zu den unzugänglichen Bergen eilen?
Welcher der Götter, deiner Söhne, will Anzus Bezwinger sein?
Denn er hat die Tafel der Schicksale für sich selbst gewonnen,
Hat die Ellil-Macht weggenommen; die Riten sind aufgegeben!

Er wendet sich ab und sagt, daß er den Zug gegen Anzu nicht unternehmen wird. Die Götter rufen daraufhin Gerra herbei, der Anzu mit seiner Waffe, dem Feuer, verbrennen soll. Gerra erwidert:

Vater, wer könnte hin zu den unzugänglichen Bergen eilen?
Welcher der Götter, deiner Söhne, will Anzus Bezwinger sein?
Denn er hat die Tafel der Schicksale für sich selbst gewonnen,
Hat die Ellil-Macht weggenommen; die Riten sind aufgegeben!

Er wendet sich ebenfalls ab und sagt, daß er den Zug gegen Anzu nicht unternehmen wird.
Die Götter fordern dann Schara, Ischtars Sohn, auf, Anzu mit seiner Waffe (wir wissen nicht, mit welcher, da der Text hier unvollständig ist) zu töten. Aber auch Schara verzichtet auf die Gelegen-

heit, sich Ruhm zu erwerben, und erteilt ihnen dieselbe Antwort wie Adad und Gerra. Die Götter verstummen daraufhin und verzweifeln.

Ea, der »Herr des Verstandes«, bildet dann in den Tiefen seines Wesens eine Idee aus; er trägt Belet-ili, der großen Muttergöttin, auf, Ninurta, den Krieger mit der mächtigen Brust, zu schaffen. Sie tut dies und hält dann eine Ansprache an ihr Geschöpf:

Bereite einen Pfad, setz die Stunde fest,
Laß Licht dämmern für die Götter, die ich schuf.
Ruf deine zerstörerische Streitmacht,
Laß deine bösen Winde aufblitzen, wenn sie über ihn hinwegmarschieren.
Ergreife den hochfliegenden Anzu
Und überschwemme die Erde, die ich schuf – zerstöre seine Behausung.
Laß Schrecken über ihm donnern,
Mach deine Streitmacht ihn zittern vor Furcht,
Mach den verwüstenden Wirbelwind sich erheben gegen ihn.
Setze deinen Pfeil in den Bogen, bedecke ihn mit Gift.

Derart eingestimmt, ruft Ninurta die sieben bösen Winde, die »im Staub tanzen«. Er stellt eine furchterregende Streitmacht auf.

Auf dem Berghang trafen sich Anzu und Ninurta.
Anzu sah ihn an und zitterte vor Wut,
Entblößte seine Zähne wie ein *Umu*-Dämon; sein Strahlenmantel bedeckte den Berg,
Er brüllte wie ein Löwe voll jäher Wut …

Ein schrecklicher Kampf entbrennt:

Todeswolken regneten nieder, ein Pfeil blitzte auf,
Zischte, die Streitmacht tobte zwischen ihnen.

Zeichnung nach einem Relief am Palast von Ninurta in Nimrud: Ninurta greift den bösen Vogel Anzu an

Ninurta spannt die Sehne seines Bogens und läßt einen zweiten Pfeil fliegen, aber Anzu hält die Tafel der Schicksale hoch und lenkt ihn damit ab. Ninurta schickt einen Boten zu Ea, um Rat einzuholen; Ea sagt:

Laß nicht nach im Kampf, dränge auf deinen Sieg!
Ermüde ihn, so daß er im Zusammenprall der Stürme seine Schwungfedern verliert.
Nimm ein Wurfholz, laß es deinen Pfeilen folgen
Und schneide seine Schwungfedern ab, trenne beides, links und rechts ...

Der Bote kehrt zurück und wiederholt Wort für Wort Eas Ratschläge. Ninurta stellt noch einmal seine sieben bösen Winde auf und stürzt sich wieder in das Kampfgetümmel.

Abrollung eines Siegelzylinders. Zu erkennen ist Ninurta, der mit einem Pfeil den Vogel Anzu tötet

Gerade an dieser aufregenden Stelle endet Tafel II. Leider ist der Beginn von Tafel III nur sehr unvollständig erhalten, aber es scheint so, daß völlige Verwüstung um sich greift. Es herrscht glühende Hitze und allgemeine Verwirrung, Ninurtas Pfeil durchbohrt Herz und Lunge Anzus, und der böse Vogel wird getötet. Ninurta nimmt die Tafel der Schicksale an sich und läßt den Göttern eilends die gute Botschaft zukommen. Das Epos endet in traditioneller Manier:

Du fingest Anzu, erschlugst ihn in seiner Kraft,
Erschlugst Anzu in seiner Kraft.
Weil du so tapfer warst und den Berg erschlugst,
Machtest du niederknien alle Feinde zu den Füßen von Ellil,
deinem Vater.
Ninurta, weil du so tapfer warst und den Berg erschlugst,

Machtest du niederknien alle Feinde zu den Füßen von Ellil,
deinem Vater.
Du hast völlige Herrschaft gewonnen, jeden einzelnen Ritus.

Die Götter verleihen ihm zwanzig Ehrennamen, so wie es Marduk am Ende des Schöpfungsepos zuteil wurde.

Der Abstieg Ischtars in die Unterwelt

Diese anmutige, aber leider unvollständig erhaltene Geschichte erzählt davon, wie (aber nicht warum) die Göttin Ischtar in die Unterwelt, nach Kurnugi, dem Land, aus dem kein Weg zurückführt, hinabstieg und wie sie dort gefangengehalten wurde, bis Ea dafür sorgte, daß man sie wieder freiließ. Die Unterwelt wird als dunkler, trauriger und fürchterlich staubiger Ort geschildert; ihre Königin ist Ischtars Schwester Ereschkigal.
Ischtar kommt am Eingangstor Kurnugis an; sie ist fest entschlossen einzutreten.

Hier, Torwächter, öffne dein Tor für mich,
Öffne dein Tor, damit ich hineinkomme!
Wenn du nicht dein Tor öffnest, damit ich hineinkomme,
Werde ich die Tür zertrümmern und den Riegel zerschmettern,
Ich werde den Türpfosten zerschmettern und die Türen über
den Haufen werfen,
Ich werde die Toten aufstehen lassen, und sie sollen die
Lebenden fressen:
Die Toten sollen die Lebenden an Zahl übertreffen.

Der Torwächter begibt sich sofort zu Ereschkigal:

Als Ereschkigal dies hörte,
Wurde ihr Gesicht blaugrau wie eine geschnittene Tamariske
Ihre Lippen wurden dunkel wie der Rand eines
Kuninu-Gefäßes.*

* Der Rand eines solchen Gefäßes war mit Bitumen bestrichen und daher schwarz.

Sie fragt sich, was Ischtar veranlaßt haben könnte, in ihr Königreich zu kommen, und erteilt dem Torwächter eine Anweisung, die recht geheimnisvoll klingt:

> Gehe, Torwächter, öffne die Tore für sie,
> behandele sie entsprechend den alten Riten.

Es folgt eine Szene, die mit ihren Wiederholungen wie ein Ritual anmutet, das sich in sieben Stufen vollzieht; die schöne und prächtig geschmückte Ischtar wird systematisch ihrer Regalien entkleidet. Am ersten Tor nimmt man ihr ihre große Krone vom Kopf:

Terrakottafigur einer nackten Göttin. Die Vogelfüße und herabhängenden Flügel deuten auf die Königin der Unterwelt

»Torwächter, warum hast du die große Krone auf meinem Kopf
weggenommen?«
»Geht hinein, meine Dame. Solches sind die Riten der Herrin
der Erde.«

Am zweiten Tor nimmt man Ischtar ihre Ringe aus den Ohren:

»Torwächter, warum hast du die Ringe in meinen Ohren
weggenommen?«
»Geht hinein, meine Dame. Solches sind die Riten der Herrin
der Erde.«

Am dritten Tor nimmt er Ischtar die Perlen, die sie um den Hals trägt, ab, am vierten die Spangen von ihrer Brust, am fünften den Gürtel aus »Geburts-Steinen«, am sechsten die Reifen an ihren Handgelenken und Fesseln. Am siebten Tor muß sie auch das prachtvolle Kleid, das ihren Körper bedeckt, hergeben. Sie ist also nackt, als sie vor ihre Schwester tritt, aber es ist Ereschkigal, die zittert. Die Königin der Unterwelt befiehlt ihrem Wesir Namtar, Ischtar sechzig Krankheiten zu schicken, die ihre Augen, ihre Arme, ihre Füße, ihr Herz, ihren Kopf, kurz jeden Teil ihres Körpers befallen sollen.
In der Zwischenzeit ist auf der Erde jegliche sexuelle Aktivität zum Erliegen gekommen:

Kein Stier bestieg eine Kuh, kein Esel besamte eine Eselin,
Kein junger Mann besamte ein Mädchen auf der Straße,
Der junge Mann schlief in seinem eigenen Gemach,
Das Mädchen schlief in Gesellschaft ihrer Freundinnen.

Papsukkal, der Wesir der großen Götter, steht weinend vor Ea; wie gewöhnlich findet der Gott eine Lösung. Er erschafft einen Gespielen für Ereschkigal, dessen Schönheit ihr Herz so erfreuen muß, daß »ihre Stimmung sich aufhellen« wird. Dieser Gespiele soll dann um einen Wasserschlauch bitten, und unter dem Vorwand, daraus zu trinken, Ischtar mit Wasser besprengen. Die Göttin wird dadurch zu neuem Leben erweckt werden.

Der listige Plan schlägt jedoch fehl. Nachdem sie anfangs von der Schönheit des Jünglings bezaubert war, verflucht Ereschkigal ihn plötzlich:

Brot, von den Pflügen der Stadt zusammengesucht, soll deine Nahrung sein,
Die Abwässerrinnen der Stadt sollen deine einzige Tränke sein,
Der Schatten einer Stadtmauer dein einziger Stehplatz,
Türschwellen dein einziger Sitzplatz,
Der Betrunkene und der Dürstende sollen deine Wangen schlagen.

Aber indem sie den von Ea geschaffenen Jüngling verflucht, verschont sie gleichzeitig Ischtar. Sie befiehlt Namtar, sie mit dem Wasser des Lebens zu besprengen. Es folgt eine Passage, die spiegelsymmetrisch jene wieder aufnimmt, in der Ischtars Einzug in die Unterwelt dargestellt ist: sie wird durch die sieben Tore, durch die sie hineingekommen ist, wieder aus dem Reich Ereschkigals herausgelassen. Bei jedem Tor werden ihr – sozusagen in umge-

Abrollung eines Siegelzylinders. Dargestellt ist vielleicht Dumuzi, der in der Unterwelt gefangengehalten wird. Er ist von Schlangen flankiert

kehrter Reihenfolge – die Symbole ihrer Göttlichkeit zurückgegeben, die man ihr bei ihrem Eintritt abgenommen hat, zuerst also ihr prächtiges Kleid, zuletzt die große Krone für ihren Kopf.
Das Epos endet damit, daß Ischtar für ihre Freilassung mit Dumuzi, dem »Liebhaber aus ihrer Jugend«, zahlt, der in Zukunft in der Unterwelt wohnen wird. In jedem Jahr wird er für einen Tag auf die Erde zurückkehren, und bei dieser Gelegenheit werden Rituale vollzogen werden. Wahrscheinlich ist damit das *Taklimtu*-Ritual gemeint, das im Monat des Dumuzi (Juni/Juli) durchgeführt wurde und bei dem in Ninive eine Statue des Fruchtbarkeitsgottes gebadet und gesalbt und dann aufgebahrt wurde.

Nergal und Ereschkigal

Dies ist ein Mythos, der sich in vielfacher Hinsicht mit dem von Ischtars Abstieg in die Unterwelt überschneidet. Der Handlungsort ist derselbe, einige Charaktere begegnen uns aufs neue, und wieder einmal ist es Ea, der eine Lösung für das Problem findet. Auf der anderen Seite gibt es jedoch einige interessante Unterschiede; so wird zum Beispiel ein ritueller Stuhl eingeführt, und das anschauliche Bild einer langen Treppe, die zum Himmel der Götter hinauf- und von ihm herabführt, entworfen; auch ist es hier ein Gott, Nergal, der in die Unterwelt hinabsteigt und dann der Gatte Ereschkigals wird.
Der Mythos beginnt damit, daß Anu einen Entschluß faßt: Da es für Ereschkigal unmöglich ist, zum jährlichen Bankett der Götter heraufzukommen, die Götter aber auch nicht zu ihr hinabsteigen können, soll sie einen Boten schicken, der den ihr zustehenden Anteil an dem Festessen für sie holen soll. Anu schickt seinen eigenen Boten Kakka zu Ereschkigal, um ihr dies mitzuteilen. Kakka geht die lange Himmelstreppe hinunter und wird, unten angelangt, von dem Torwächter willkommen geheißen: »Kakka, komm herein, und möge das Tor dich segnen.«
Auch Kakka muß sieben Tore passieren, ihm wird jedoch nichts abgenommen. Hinter dem siebten Tor findet er sich in der Gegen-

wart Ereschkigals, er kniet nieder, küßt den Boden vor ihr und gibt dann Wort für Wort die Botschaft Anus wieder. Kakka und Ereschkigal tauschen einige Scherze aus, dann gibt sie ihrem Wesir Namtar den Auftrag, ihren Anteil an dem Essen zu holen.
Der Text ist an dieser Stelle etwas fragmentarisch, aber es scheint, als ob Namtar, als er vor die großen Götter tritt, von Nergal beleidigt wird und daß Nergal dafür von Ea zu Ereschkigal geschickt wird. Bevor er aufbricht, rüstet Nergal sich mit einem besonderen Stuhl aus, der ein rituelles Instrument gewesen sein mag, um böse Geister abzuwehren. Er erhält auch von Ea die übliche Mahnung, vorsichtig zu sein, das heißt, sich auf keinen Stuhl zu setzen, den man ihm anbieten könnte, kein Brot oder Fleisch zu essen, kein Bier zu trinken, seine Füße nicht zu waschen, und vor allem nicht Ereschkigals Reizen zu erliegen, nachdem sie

im Bad gewesen ist,
Und sich in ein schönes Kleid gekleidet hat,
Das dir gestattet, einen Blick auf ihren Körper zu werfen.

Nergal macht sich dann nach Kurnugi auf, das genauso beschrieben wird wie in dem Mythos von Ischtars Abstieg in die Unterwelt. Als er dort ankommt, heißt ihn der Torwächter warten und geht zu Ereschkigal, um ihn zu melden. In der Zwischenzeit kommt der Wesir Namtar und sieht Nergal im Schatten des Tores stehen:

Namtars Gesicht wurde blaugrau wie eine geschnittene Tamariske.
Seine Lippen wurden dunkel wie der Rand eines *Kuninu*-Gefäßes.

Namtar erzählt Ereschkigal, wie er beleidigt worden ist, aber sie verspottet ihn nur und befiehlt ihm, Nergal zu ihr zu bringen. Nergal passiert sieben Tore, von denen jedes einen Namen hat. Als er das siebte Tor, das Tor der Ennugigi, durchschritten hat, gelangt er auf einen weitläufigen Hof. Dort kniet er nieder, küßt den Boden vor Ereschkigal und erklärt, daß Anu ihn gesandt hat. Sie bringen ihm einen Stuhl, aber er setzt sich nicht nieder. Der Bäcker bringt ihm Brot, aber er ißt es nicht. Der Metzger bringt ihm Fleisch, aber er ißt es nicht. Der Brauer bringt ihm Bier, aber er trinkt es nicht. Sie bringen ihm ein Fußbad, aber er wäscht sich nicht die Füße.

Ereschkigal geht ins Bad, kleidet sich in ein schönes Kleid, das es Nergal erlaubt, einen Blick auf ihren Körper zu werfen, aber: »Er widerstand dem Verlangen seines Herzens, das zu tun, was Männer und Frauen tun.« Unglücklicherweise ist sein Widerstand nicht von langer Dauer; nach einer kurzen Weile geht Ereschkigal erneut ins Bad, zieht sich wieder prächtig an und erlaubt ihm wieder, ihren Körper zu sehen, und: »Er gab dem Verlangen seines Herzens nach, das zu tun, was Männer und Frauen tun.«

Die beiden legen alle Hemmungen ab und vergnügen sich voller Leidenschaft im Bett miteinander, erst einen Tag, dann noch einen, dann einen dritten, vierten, fünften, sechsten. Als der siebente Tag anbricht, sagt Nergal, daß er Abschied nehmen muß, und steigt wieder die lange Treppe zum Himmel hinauf, wo er vor Anu, Ellil und Ea hintritt.

In der Zwischenzeit fließen in Kurnugi die Tränen über Ereschkigals Wangen:

> Erra [Nergal], der Geliebte, der mich entzückt –
> Ich hatte nicht genug Vergnügen mit ihm, bevor er ging!

Namtar bietet sich an, zu Anu zu gehen und Nergal »festzusetzen«, so daß sie ihn wieder küssen könne. Ereschkigal ist einverstanden:

> Geh, Namtar, du mußt sprechen zu Anu, Ellil und Ea!
> Wende dein Gesicht dem Tor zu von Anu, Ellil und Ea,
> Ihnen zu sagen, daß ich, seit ich Kind und Tochter war,
> Nicht das Spielen anderer Mädchen gekannt habe,
> Nicht das Tollen anderer Kinder gekannt habe.

Der Gott, den ihr mir gesandt, und der mich besamt hat – laßt
ihn wieder mit mir schlafen!
Sendet den Gott zu uns und laßt ihn die Nacht mit mir
verbringen als mein Liebhaber.

Sie droht damit, daß sie die Toten auferstehen lassen wird, bis sie die Lebenden an Zahl übertreffen werden, wenn man ihr ihren Liebhaber nicht zurückgibt. Es ist dieselbe Drohung, die Ischtar in Kurnugi ausgestoßen hat, und auch, als sie – im Gilgamesch-Epos – von ihrem Vater den Himmelsstier forderte.
Namtar klettert die lange Himmelstreppe hinauf und wiederholt Ereschkigals Botschaft, wobei er auch ihre Drohung nicht vergißt. Ea läßt daraufhin die Götter vor ihn treten, damit er den Schuldigen identifizieren kann, aber Namtar erkennt den Übeltäter nicht. Er kehrt zu Ereschkigal zurück und erzählt ihr, daß in der Versammlung der Götter einer war, »der saß barhäuptig, blinzelnd und geduckt«. Sie trägt ihm sofort auf, zurückzugehen und diesen Gott herbeizuholen.
Nergal wird also doch identifiziert – diese Passage ist nicht ganz vollständig –, und mit seinem magischen Stuhl bewaffnet steigt er erneut die Himmelstreppe hinab. Er wartet nicht erst darauf, daß ihm die sieben Tore geöffnet werden, sondern schlägt Nedu, den Wächter des ersten Tores, nieder, dann auch den Wächter des zweiten Tores, des dritten, vierten, fünften, sechsten und siebten. Er betritt den Hof, nähert sich lachend Ereschkigal und zieht sie an ihren Haaren von ihrem Thron herunter.
Mit neu entbrannter Leidenschaft gehen sie wieder miteinander ins Bett und bleiben dort wieder sechs Tage. Als der siebente Tag beginnt – bricht der Text ab. Wir wissen also leider nicht, wie die Geschichte ausgeht. Es gibt jedoch eine viel kürzere und frühere Version des Textes (die nach dem Fundort Tell el-Amarna in Ägypten »Amarna-Fassung« heißt). Diese endet damit, daß Ereschkigal, nachdem sie so gegen jedes Zeremoniell vom Thron heruntergezerrt worden ist, zu Nergal sagt:

»Du kannst mein Gatte sein, und ich kann deine Frau sein.
Ich werde dich ergreifen lassen
Die Herrschaft über die große Erde! Ich werde die Tafel
Der Weisheit in deine Hand legen! Du kannst der Herr sein,
Ich kann die Herrin sein.« Nergal hörte ihre Rede an
Und ergriff sie und küßte sie. Er wischte ihre Tränen hinweg.
»Was hast du von mir gefordert? Nach so vielen Monaten
Wird es gewiß so sein!«

Mythen und ihre Bedeutung

Wenn man Mythen interpretiert, stellt man fest, daß sie eine Vielzahl von Bedeutungen haben können: In ihnen können personifizierte kosmische Mächte auftreten, und so kann zum Beispiel dargestellt werden, wie die Ordnung die Oberhand über das Chaos gewinnt; sie können historische Ereignisse widerspiegeln, wie militärische Unternehmungen, den Bau von Stadtmauern oder die Rückkehr einer Götterstatue in eine Stadt; sie können rein kultischen Zwecken dienen und zum Beispiel bei den Feierlichkeiten zum Neuen Jahr rezitiert werden; in ihnen können Ereignisse dargestellt sein, die den zyklischen Ablauf von Naturphänomenen reflektieren, wodurch die Zuhörer die Gewißheit erhalten, daß die Landesgötter alles unter Kontrolle haben. Wenn man die mesopotamischen Mythen betrachtet, stellt man fest, daß sie alle diese verschiedenen Deutungen zulassen. Man kann in ihnen auch Themen und Motive ausmachen, die aus den Mythen anderer Kulturen bekannt sind, zum Beispiel den aussichtslos scheinenden Kampf gegen übermächtige Gegner, die Suche nach Unsterblichkeit oder ewiger Jugend, die Reise in die Unterwelt. Die Helden von Mythen haben gewisse universale Eigenschaften: sie sind tapfer und aufrichtig, treu und schön. Oft ist ihre Geburt mit einem Wunder verbunden, oder sie stammen von einer göttlichen Mutter und/oder einem göttlichen Vater ab. Die Art, in der ein Mythos auf die Gemeinde wirkt, ist grundsätzlich immer die gleiche und unterscheidet sich von einer Zivilisation zur anderen kaum; die mesopotamischen Mythen haben auch in dieser Hinsicht vieles mit den Mythen

Zwei Flügelstiere, die den Haupteingang zum Thronsaal im Palast von Sargon II. (722–705 v. Chr.) in Chorsabad flankierten. Unten die Statuen in ihrem heutigen Zustand, oben eine zeichnerische Rekonstruktion ihres Originalzustands

anderer Sprachbereiche und anderer historischer Epochen gemein.

Und dennoch: Die Mythen Mesopotamiens sind außergewöhnlich; denn sie gehören zu den frühesten Texten dieser Art, die jemals ausformuliert und aufgezeichnet worden sind. Ihre Ursprünge sind unter dem Schutt der Jahrtausende begraben, vermutlich datieren sie aus der Zeit von 4000 bis 3000 v. Chr., als die ersten Städte gebaut wurden, als man den Königen die Züge von Göttern verlieh und den Ruhm der Götter zu erhöhen suchte, um das Ansehen ihrer Kultstätten und damit auch das der Einwohner zu mehren.

Die große Vielfalt ihrer Themen, Charaktere und Schauplätze bewirkt, daß diese Mythen auch für ein modernes Publikum, das durch Jahrtausende von ihrer Entstehungszeit getrennt ist, eine starke Anziehungskraft haben. Als Angehörige der westlichen Zivilisation sind wir möglicherweise so tief in einer literarischen und religiösen Tradition verwurzelt, die durch die griechische Antike und die Bibel geprägt ist, daß wir den mesopotamischen Mythen Eigenschaften zuschreiben, die sie für ihr ursprüngliches Publikum gar nicht besaßen. Für uns ist es vielleicht auch unmöglich, eine polytheistische Religion wirklich zu begreifen; außerdem ist unser Wissen sehr lückenhaft – möglicherweise besitzen wir nur einige wenige Teile von einem riesigen Puzzlespiel und können uns noch nicht einmal eine Vorstellung von dem Gesamtbild machen. Auch müssen wir bedenken, daß die Tafeln, auf denen die Mythen niedergeschrieben sind, nicht für unsere Augen bestimmt waren.

Ein genaues Studium der Texte enthüllt uns dennoch gewisse Merkmale und Muster, die dazu beitragen können, tiefer ins Innere dieser Mythen vorzudringen. Wie wir gesehen haben, schreitet die Handlung immer sehr langsam und gemessen voran; ein Wechsel des Schauplatzes wird ganz einfach dadurch herbeigeführt, daß der Held sich tatsächlich an den neuen Ort begibt. Es wird ganz linear und einschichtig erzählt, das heißt, nicht darüber berichtet, was zur gleichen Zeit anderen Personen an anderem Ort geschieht. Die Entwicklung der Handlung wird durch verschiedene einfache Techniken befördert: durch Träume, in denen zukünftige Ereignisse vorweggenommen werden, durch Gespräche der Hauptpersonen untereinander, oder dadurch, daß die Götter eingreifen und Anweisungen oder Ratschläge erteilen.

Wir haben gesehen, daß die Wiederholung ein wichtiges Ausdrucksmittel ist; gewöhnlich werden ganze Passagen Wort für Wort wiederholt. Offensichtlich gab es nicht das Ideal stilistischer Eleganz durch Variation des Vokabulars, wie wir es kennen. Durch die Wiederholungen sollte der Eindruck von ›Realität‹ verstärkt werden. Im Schöpfungsepos werden lange Passagen bis zu viermal unverändert wiederaufgenommen, und es gibt keinen Mythos, in dem nicht vergleichbare Stellen vorkommen. Manchmal diente das wohl auch dazu, die dramatische Spannung zu

Elfenbeinener Spiegelhalter aus Enkomi auf Zypern, etwa 1200–1100 v. Chr. Dargestellt ist der Höhepunkt einer kosmischen Schlacht

steigern, wie zum Beispiel im Mythos von Etana an den Stellen, wo beschrieben wird, wie der Adler den Helden zum Himmel Anus emporträgt, oder im Gilgamesch-Epos dort, wo dargestellt wird, wie Gilgamesch sich seinen Weg durch die dunkle Einöde bahnt. Passagen beschreibender Art gewannen auf diese Weise wohl auch an Eindringlichkeit, so daß den Zuhörern vor ihrem inneren Auge stand, was den Helden widerfuhr und mit welchen Gefahren sie zu kämpfen hatten. Tiamats Schar von Dämonen wird immer und immer wieder beschrieben, bis man schließlich selbst zu sehen und zu fühlen glaubt, wie schrecklich und mächtig sie sind.

Kalksteinplatte mit aufgesetztem Löwenkopf. Diese Platte diente dazu, böse Geister zu vertreiben, von denen eine Anzahl auf der Rückseite dargestellt sind. In der oberen Reihe sind Symbole verschiedener Himmelsgötter abgebildet; in der dritten Reihe bedrohen Dämonen einen Kranken. Ganz unten die Hölle

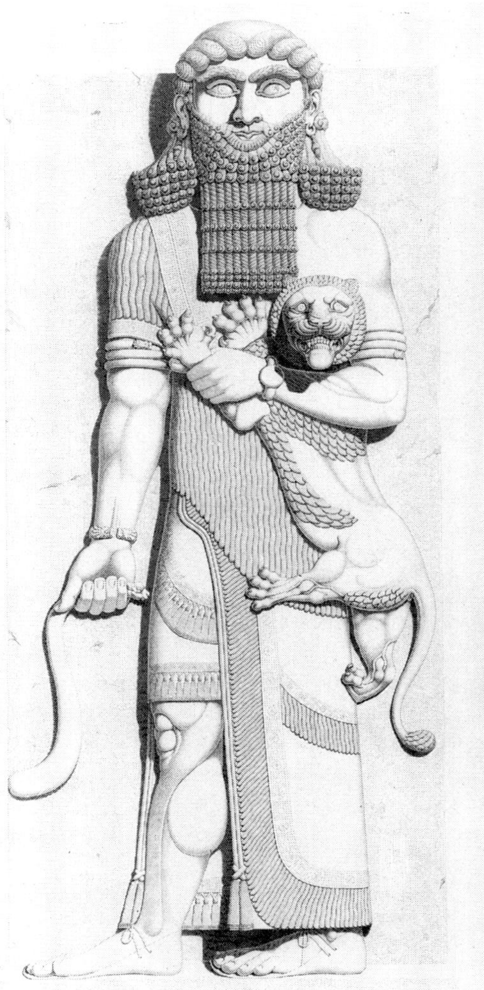

Flachrelief vom Palast Sargons II. in Chorsabad. Es zeigt einen mächtigen Helden vom Typus Gilgameschs, der ein Löwenjunges im Arm trägt

Ansicht der Ruinen von Persepolis im romantischen Stil (frühes 18. Jahrhundert)

Im Zusammenhang mit der Wiederholung fällt noch eine andere Technik auf: Nachdem eine bestimmte Zahl erreicht ist, wird diese gewissermaßen ›gekrönt‹, indem dann etwas geschieht. So etwa, wenn Utnapischtim erzählt, wie der Berg Nißir sein Schiff festhielt:

> Einen Tag, einen zweiten Tag erfaßte der Berg Nißir das Schiff
> und ließ es nicht wanken;
> Einen dritten Tag, einen vierten Tag erfaßte der Berg Nißir das
> Schiff und ließ es nicht wanken;
> Einen fünften und sechsten erfaßte der Berg Nißir das Schiff
> und ließ es nicht wanken.
> Wie nun der siebente Tag herbeikam,
> Ließ ich eine Taube hinaus [...].

Sechs Tage dauert auch der tiefe Schlaf, in den Gilgamesch verfällt, um am siebten Tag dann aufzuwachen. Nergal und Ereschkigal verbringen sechs Tage und Nächte voller Leidenschaft im Bett; am siebten Tag holt sie das wirkliche Leben wieder ein. Im Schöpfungsepos werden zwei Götter ausgesandt, Tiamat zu überwältigen. Sie scheitern, und erst dem dritten, Marduk, gelingt es. Im Epos von Anzu weigern sich drei Götter, in den Kampf zu ziehen, und erst der vierte, Ninurta, ist bereit dazu. Zahlen, insbesondere die Zahlen drei und sieben, scheinen eine Bedeutung zu haben; Träume kommen gewöhnlich in Dreiersequenzen, Winde und Waffen treten in Siebenergruppen auf. Durch das einfache Mittel der Anhäufung wird die Spannung erhöht.

Diese Texte nach ihrem literarischen Wert beurteilen zu wollen wäre ein gewagtes Unterfangen, da unsere Kriterien ganz andere sind. Vom Stil und Inhalt her spiegeln die Mythen sicher den Geschmack des damaligen Publikums wider, dem nicht so sehr an atemberaubender Spannung gelegen war als vielmehr an einem sprachlich ausgefeilten und komplexen Gebilde, das einen moralischen Zweck verfolgte. Die Götter spielten in ihrem alltäglichen Leben eine viel größere Rolle, als wir es heute, in einer Zeit, da es für alles eine wissenschaftliche Erklärung zu geben scheint, nachvollziehen können. Wenn wir also diese Texte beurteilen wollen – sei es, was ihren Zweck, ihren Stil oder ihren Inhalt betrifft –, müssen wir uns zunächst einmal unserer eigenen ›beschränkten‹ Sichtweise bewußt werden. Vielleicht sollten wir es einfach damit bewenden lassen, uns der Faszination hinzugeben, die von den Mythen und ihren Helden ausgeht – dem ruhmreichen Gilgamesch, der berückend schönen, mit Juwelen behangenen Ischtar, dem bösartigen Anzu, dem stolzen Marduk, dem weisen Ea, dem zottelhaarigen Enkidu, dem geheimnisvollen Utnapischtim, der schwarzlippigen Ereschkigal. Letztendlich hat das Erzählen von Mythen nur einen einzigen Zweck: das Feuer der Einbildungskraft in dem zu entzünden, der sie hört oder liest. Die mesopotamischen Mythen entfachen immer noch ein hochauflodernden Feuer.

Literaturhinweise

In dem hier vorgegebenen knappen Rahmen eine auch nur annähernd repräsentative Übersicht über die erhaltene und zusätzlich in Übersetzungen zugängliche sumerische und akkadische Literatur zu geben war nicht möglich. Die statt dessen im folgenden aufgeführte Literatur ist nach dem Gesichtspunkt ausgewählt, dem interessierten Leser einerseits einige mehr oder weniger leicht zu beschaffende deutschsprachige Textausgaben aus neuerer Zeit zu nennen, andererseits ihm zugleich einen ersten Zugang in den größeren Wissenszusammenhang der Altorientalistik zu öffnen. Für die wissenschaftlichen Editionen der Keilschrift-Texte sei auf die Abkürzungsliste im ersten Band des 1985 in 2. Auflage erschienenen *Akkadischen Handwörterbuchs* von Wolfram von Soden sowie auf die Literaturangaben in seiner *Einführung in die Altorientalistik* (Darmstadt 1985) verwiesen.

Allgemeines

W. v. Soden: Einführung in die Altorientalistik. Darmstadt 1985.

Zur Geschichte der Wissenschaft

C. Niebuhr: Entdeckungen im Orient. Reise nach Arabien und anderen Ländern 1761–1767. Hrsg. und bearb. von R. und E. Grün. Stuttgart 1983.

Die Welt des alten Orient. Keilschrift, Grabungen, Gelehrte. Ausstellung im Städtischen Museum Göttingen, 4. 5.–27. 6. 1975. Handbuch und Katalog bearb. von R. Borger [u. a.]. Göttingen 1975.

A. H. Layard: Auf der Suche nach Ninive. Übers. von N. N. W. Meissner. Hrsg. von H. Schmökel. München 1975.

W. Andrae: Das wiedererstandene Assur. Hrsg. von B. Hrouda. München ^{2}1977.

J. Renger: Die Geschichte der Altorientalistik und der vorderasiatischen Archäologie in Berlin von 1875 bis 1945. In: Berlin und die Antike. Aufsätze. Hrsg. von W. Arenhövel und Chr. Schreiber. Erg.-Bd. zum Katalog der Ausstellung »Berlin und die Antike«. Berlin 1979. S. 151 bis 192.

R. Koldewey: Das wieder erstehende Babylon. Hrsg. von B. Hrouda. München [5]1990.

Mythen

Siehe auch den Abschnitt »Texte«.

S. N. Kramer: Sumerian Mythology. Philadelphia 1944.

D. O. Edzard: Die Mythologie der Sumerer und Akkader. In: Wörterbuch der Mythologie. Hrsg. von H. W. Haussig. Bd. 1. Stuttgart 1964.

H. W. Haussig (Hrsg.): Götter und Mythen im Vorderen Orient. Stuttgart 1965.

Th. Jacobsen: The Treasures of Darkness. A History of Mesopotamian Religion. New Haven / London 1976.

Die Schöpfungsmythen: Ägypter, Sumerer, Hurriter, Hethiter, Kanaaniter und Israeliten. Mit einem Vorw. von M. Eliade. Übers. von E. Klein. Zürich [2]1991.

F. Gößmann: Das Era-Epos. Würzburg 1955.

H. Schmökel: Das Gilgamesch-Epos. Stuttgart 1966.

K. Oberhuber: Das Gilgamesch-Epos. Darmstadt 1977. (Wege der Forschung, 215.)

W. von Soden: Konflikte und ihre Bewältigung in babylonischen Schöpfungs- und Fluterzählungen. Mit einer Teilübersetzung des Atramhasis. In: Mitteilungen der Deutschen Orient-Gesellschaft 111 (1979) S. 1–33.

A. Schott / W. von Soden: Das Gilgamesch-Epos. Stuttgart 1982. (Reclams Universal-Bibliothek. 7235.)

Texte

Siehe auch den Abschnitt »Mythen«.

F. Thureau-Dangin: Die sumerischen und akkadischen Königsinschriften. Leipzig 1907.

Hugo Gressmann (Hrsg.): Altorientalische Texte und Bilder zum Alten Testament. 2 Bde. Tübingen 1909.

J. A. Knudtzon: Die El-Amarna-Tafeln. Leipzig 1915. (Vorderasiatische Bibliothek. 2.) Neudr. Aalen 1964.

A. Falkenstein / W. von Soden: Sumerische und akkadische Hymnen und Gebete. Zürich/Stuttgart 1953.
A. Falkenstein / J. J. A. van Dijk: Sumerische Götterlieder. 2 Tle. Heidelberg 1959–60.
E. Sollberger / J.-R. Kupper: Inscriptions Royales Sumériennes et Akkadiennes. Paris 1971.
J. B. Pritchard (Hrsg.): Ancient Near Eastern Texts Relating to the Old Testament. Princeton ³1989.
A. Jepsen (Hrsg.): Von Sinuhe bis Nebukadnezar. Dokumente aus der Umwelt des Alten Testaments. Berlin 1975.
W. Röllig (Hrsg.): Die altorientalischen Literaturen. Wiesbaden 1978. (Neues Handbuch der Literaturwissenschaft. Bd. 1.)
O. Kaiser (Hrsg.): Texte aus der Umwelt des Alten Testaments. Bd. 1 ff. Gütersloh 1982 ff.

Zur mesopotamischen Geschichte

Fischer Weltgeschichte. Bd. 2–4: Die Altorientalischen Reiche I–III. Hrsg. von E. Cassin, J. Bottéro und J. Vercoutter. Frankfurt a. M. 1965 bis 1967.
H. Klengel: Geschichte Syriens im 2. Jahrtausend v. u. Z. 3 Tle. Berlin 1965–70.
H. Klengel: Syria 3000 to 300 B. C. A Handbook of Political History. Berlin 1992.
H. Klengel: Hammurapi von Babylon und seine Zeit. Berlin ⁴1980.
G. Wilhelm: Grundzüge der Geschichte und Kultur der Hurriter. Darmstadt 1982.
J. Oates: Babylon. Stadt und Reich im Brennpunkt des Alten Orient. Übers. von D. und H.-G. Niemeyer. Bergisch Gladbach 1983.
H. J. Nissen: Grundzüge einer Geschichte der Frühzeit des Vorderen Orients. Darmstadt ²1990.

Kunst, Archäologie und Ausgrabungen

J. A. Potratz: Die Kunst des Alten Orient. Stuttgart 1961. (Kröners Taschenausgabe. 323.)
E. Strommenger: Fünf Jahrtausende Mesopotamien. München 1962.
H. Frankfort: The Art and Architecture of the Ancient Orient. Harmondsworth ⁴1970.
B. Hrouda: Vorderasien I. Mesopotamien, Babylonien, Iran und Anatolien. München 1971. (Handbuch der Archäologie. Hrsg. von U. Hausmann.)

W. Orthmann (Hrsg.): Der Alte Orient. Berlin 1975. (Propyläen Kunstgeschichte. Bd. 14.)
A. Moortgat: Die Kunst des Alten Mesopotamien. 2 Bde. Köln 1982–84.
B. Hrouda: Der Alte Orient. Geschichte und Kultur des alten Vorderasiens. Gütersloh 1991.

Kultur und Religion

A. Goetze: Kleinasien. Kulturgeschichte des alten Orients. München 1957. (Handbuch der Altertumswissenschaft.)
H. Schmökel: Kulturgeschichte des alten Orient. Stuttgart 1961. (Kröners Taschenausgabe. 298.)
J. J. A. van Dijk: Sumerische Religion. In: Handbuch der Religionsgeschichte. Bd. 1. Göttingen 1971.
A. L. Oppenheim: Ancient Mesopotamia. Portrait of a Dead Civilization. Chicago ²1977.
H. Klengel: Kulturgeschichte des alten Vorderasien. Berlin 1989.

Die Literaturhinweise für die vorliegende deutsche Ausgabe wurden dankenswerterweise von Hans-Georg Niemeyer zusammengestellt, der auch im Kapitel »Entdeckung und Entzifferung« (S. 13–28) die Angaben zu den deutschen Forschern gelegentlich etwas ergänzt hat.

Die Abbildungen sind, mit Ausnahme der nachfolgend genannten, sämtlich der englischen Originalausgabe entnommen, in der sich auch die entsprechenden Nachweise finden.
Abb. S. 32: London, British Museum (Nr. 21014). – Abb. S. 57: Paris: Louvre. – Abb. S. 60: London: British Museum (Nr. 104096). – Abb. S. 103: Berlin, Vorderasiatisches Museum.

Register